AF524953

PETRA GEIGER

Ein autobiografischer Roman

RHEANNA – Die Waldfrau

Eine Reise zu meiner großen Seele

VERRAI-VERLAG
STUTTGART

Vorwort von Harald Kriegbaum

In ihrem Buch „RHEANNA – die Waldfrau“ nimmt uns Petra Geiger mit in eine Welt der Feen, Gnome, Pflanzen und Tiere, in eine Natur, in der alles in einem tiefen, lebendigen Kontext miteinander verbunden ist. Sie erlaubt uns auf diese Weise den Zugang in ein Mysterium, das in unserer heutigen kognitiven, technokratischen Welt keinen Platz mehr hat. Wir erfahren, wie ihr eigener Lebensweg sie immer wieder zu ihren Wurzeln führt, in ihr die Gewissheit reifen lässt, dass es eine tiefe Verbindung zu einer alten Weisheit, zu etwas Größerem gibt. Beim Lesen wird diese Verbindung lebendig wahrnehmbar und es wird eine Tür geöffnet zu einem tieferen Wissen, das bei den Menschen der heutigen Zeit offenbar verloren gegangen ist. So wird dieses Buch zu einer Inspiration. Wir werden eingeladen hinzuspüren – auf Entdeckungsreise zu gehen.

Beim Lesen der Geschichte entsteht eine ruhige Vertrautheit. Es öffnet sich eine Tür. Wir werden eingeladen, uns auf eine magische Reise zu begeben. Dieses Buch bewirkt, dass wir über uns nachdenken, und vielleicht spüren, dass alles auf viel größere, magische, lebendige Weise miteinander verbunden ist. Es fordert den Leser heraus, seiner Fantasie wieder Platz zu geben – seiner im positiven Sinne kindlichen Wahrnehmung. Als verkopfter Erwachsener wird uns der Zugang nicht möglich sein. Mit diesem „Erwachsenen“ in uns dürfen wir beim Lesen ringen, ihm die Schranken aufzeigen und etwas von seiner Macht nehmen. So wird etwas lebendig, das wir als Kind bereits kannten. Dieses „Loslassen“ dürfen wir wieder lernen. Wir dringen ein in eine größere Welt, dürfen unsere kognitiven Beschränkungen fallen lassen, mutig träumen und intuitiv etwas Größeres in unserem Leben wahrnehmen. Alles wird lebendiger – bunter – vielfältiger – wahrhaftiger. Wir erkennen, dass wir eingebettet sind in etwas Wunderbarem.

Petra Geiger erzählt autobiografisch in einer lebendigen Offenheit über Ihren besonderen Lebensweg und inspiriert den Leser, Grenzen der eigenen Wahrnehmung zu überwinden.

Dies macht dieses Buch besonders wertvoll.

Fürth, 07.05.2024
Harald Kriegbaum

Vorwort von Beate Kaspar

In einer Zeit, in der Rationalität und – vermeintliche – Fakten so wichtig und laut sind, dass für die leisen Töne kaum mehr eine Wahrnehmung vorhanden ist, kommt ein Buch wie „Rheanna – Die Waldfrau" gerade zur rechten Zeit.

So sind es doch die leisen Töne, die magischen Begegnungen, die stillen Momente, die uns Kraft geben, die uns zu uns selbst, in unser Inneres führen.

Petra Geiger nimmt uns mit in eine Welt, die jenseits unserer Zeit, vielleicht auch nur jenseits unserer Wahrnehmung liegt. Dort treffen wir Lichtfeen, beseelte Bäume, sprechende Tiere, Götter und Göttinnen. Das Leben selbst spricht durch alle Wesen in diesem Buch zu uns, und führt uns durch eine magische Welt, die gleichsam faszinierend wie auch heilsam für uns ist.

Die bildhafte Sprache von Petra Geiger erweckt in uns den Eindruck, mitten im Geschehen zu sein – die Blüten riechen zu können, das Eichhörnchen sprechen zu hören und mit dem Baum in Dialog zu treten. Wir begleiten Rheanna durch die Jahreszeiten und die dazugehörigen Feste, die im Einklang mit dem Wechsel der Natur gefeiert werden und lernen dabei alle Wesen, denen sie begegnet, näher kennen. Der Jahreszyklus der Natur erweitert sich in dem größeren Zyklus von Leben, Tod und Wiedergeburt. Gemeinsam mit Rheanna begegnen wir der schwarzen Göttin und der weisen Göttin und ihrem Wirken in der Welt. Wir erkennen, dass wir ebenfalls Teil dieser wundervollen Natur sind und ihr vertrauen dürfen im Leben ebenso wie im Sterben.

Zwischendurch wechselt das Buch wieder in unsere Zeit – in unsere Welt – in der Rheanna heute als Petra lebt und die Verbindungen zeigen uns, dass alle unsere Leben miteinander verwoben sind, über die Zeit und über den Raum.

Bei jedem Wechsel in unsere „reale“ Welt bekommen wir sehr deutlich – manchmal sogar schmerzhaft – vor Augen geführt, was krank geworden ist, was fehlt und was wir (wieder)entdecken dürfen, um zu heilen.

Jenseits aller Ideologien und Schuldzuweisungen bringt uns dieses Buch in Kontakt mit unserem wahren Wesen und mit Mutter Natur. Wie ein Kind dürfen wir uns wieder darauf einlassen, einfach zu sein, zu fühlen, tanzen, lachen und zu weinen. Es ist die Rückkehr in ein verloren geglaubtes Paradies, das immer noch in uns und um uns ist – und das, dadurch, dass wir es in uns entdecken, auch im Außen wieder sichtbar und fühlbar wird.

Petra Geiger nimmt uns mit auf ihre ganz persönliche Reise, die ebenso die Reise von uns allen ist. Sie zeigt uns, wer wir glauben zu sein und wer wir wirklich sind.

Wenn wir uns berühren lassen von der Geschichte, dann erkennen wir tief in uns selbst die Wahrheit hinter dem Schleier, hören den Ruf und dürfen ihm folgen.

Fürth, 03.06.2024
Beate Kaspar

Inhalt

In tiefer Dankbarkeit an all diejenigen,
die mich auf meinem Weg
und
bei meiner Suche begleiteten
und
nie an mir zweifelten.

Einführung

Viele Jahre begleitete mich ein unstillbares Verlangen nach …? Ja, ich weiß nicht was. Ich weiß nur, es war unstillbar, unauffindbar, aber auch nicht mit Worten zu beschreiben. Es hinterließ ständig ein Gefühl der Unvollständigkeit. Ich war immer wieder auf der Suche nach dieser Vervollständigung, aber ich konnte es nirgends in meinem Alltag finden. Auch mein Beruf eröffnete mir nicht den Weg. Denn ich wusste nicht, was es sein könnte. Ich fand es nicht in Beziehungen, nicht in Gesprächen mit anderen Menschen, wenn sie mich denn je verstanden hätten, so wie ich mich ja selbst nicht verstanden habe. Auch nicht in einer zugvogelartigen Wanderschaft, die erst endete, als mein Sohn auf die Welt kam. Mein Personalausweis war gefüllt von den Einträgen meiner Umzüge, wie ein Wanderer zog ich von einer Wohnung zur anderen, von einem Wohnort zum anderen. Nach zwölf Umzügen erhielt ich den digitalen Ausweis und man konnte die Anzahl der Wohnungen leider nicht mehr nachvollziehen. Aber ich kenne sie noch alle.

Doch immer hatte ich den Anspruch, mich zu finden, dieses Verlangen in mir durch meine Suche zu erfüllen und dieser gefühlt zweiten Seele, die sich immer mehr aufdrängte, einen Namen und ein Gesicht geben zu können. Ich gewann immer mehr den Eindruck, als wollte mir ein mir unbekannter Anteil meines Selbst etwas mitteilen und an meinem Leben teilhaben. Dies fühlte sich an wie eine zweite Seele. Sie sprach anders und fühlte anders. Und das irritierte mich immer mehr. Was es jedoch war, habe ich erst viele Jahre später erfahren.

Erst durch meine Ausbildung zum geokulturellen Coach habe ich erfahren, dass ich über das Schreiben an eine andere, versteckte Erinnerung gelangen kann. Eine Erinnerung, aus der diese Geschichte erwuchs. Diese Geschichte kann wahr sein, oder auch nicht. Dies liegt in der Betrachtungsweise des Lesers. Jedoch trägt diese Geschichte einen Funken Wahrheit und Erkenntnis in sich und sie veränderte mein Leben.

Der „Zugvogel" hat eine Heimat und eine Antwort gefunden. Und die Gewissheit darüber hat in mir eine Ruhe, eine neue Betrachtungsweise auf die Dinge dieser Welt und eine neue Art der Verantwortung für unseren Planeten vermittelt.

Erst kurz vor Fertigstellung dieses Buches wurde ich auf die eigentliche Natur von Feen aufmerksam gemacht. Diese Geschichte handelt von oder über Feen und wenn ich von den Feen spreche, sind nicht die kleinen Elementarwesen (Feen vs. Elfen) damit gemeint. Diese Feen oder Sidhe (gesprochen: Schi) sind menschengleich – von Größe und Statur – und einst lebten beide in Harmonie zusammen, verliebten sich, heirateten und bekamen Kinder. Viele keltisch-irischen Clanführer waren mit Feen verheiratet, um ihren gemeinsamen Bund zu festigen. Erst als sich die Menschen von der Natur abwandten, zog sich das Feenvolk in eine Ebene zurück, die für Menschen nicht mehr sichtbar war und die Menschen hatten damit keinen Zugang mehr zu dem Volk der Feen.

Meine Geschichte handelt von der Erkenntnis, von diesen Lichtfeen abzustammen. Sie sind mein Urvolk, sie sind meine Urheimat, aus denen ich als Mensch inkarnierte und zurzeit auf der Erde ein karmisches Leben als Mensch verbringe. Es war ein langer Weg, sie zu finden und sie in meinem Herzen und meinem Leben wieder integrieren zu können.

**Die Waldfrau erhält ihre Kraft aus dem SEIN,
nicht aus dem Tun.**

Kapitel 1 – In der Welt der Lichtfeen

Die Waldfrau

Vor einiger Zeit, in einer Welt neben unserer Welt, lebte ein Wesen in den Wäldern, vollkommen im Einklang mit der Natur von Mutter Erde. Zu dieser Zeit war nichts voneinander getrennt, man sprach eine gemeinsame Sprache, die Naturwesen, die Feen, die Tiere, die Bäume, die Drachen, die Steine. Auch die Menschen waren damals noch in das große Ganze eingebunden. Das große Ganze ist das Leben und die Kraft, an der alle teilhaben und aus dem alle schöpfen. Das Leben in dieser Dimension wird von der großen Göttin des Lebens getragen und eingebunden in den Kreislauf der Zeiten hüten die Göttinnen den Raum und die Zeit. Jeder weiß um seine Aufgaben und erfüllt sie gemeinsam mit Herzblut. Nur in diesem intensiven Zusammenspiel kann Leben existieren und wachsen. Und in diesem Zustand besteht das Leben aus der Fülle, in der es an nichts mangelt.

Das Wesen war eine Waldfrau aus dem Reich der Feen, man nannte sie Rheanna. Sie kümmerte sich um die Menschen, die bei ihr Hilfe suchten oder Kräuter brauchten. Sie kümmerte sich aber auch um die Bäume, um verletzte Tiere und um Findelkinder, ob aus dem Reich der Menschen oder der Tiere. Sie half bei Verletzungen, brachte Babys auf die Welt und begleitete Menschen während ihres Sterbeprozesses. Zu diesen Zeiten wurden die Toten noch rituell und nach den Traditionen der dreifaltigen Göttinnen beerdigt. Jeder Menschenstamm hatte jedoch seine eigenen Riten. Und jede Seele wollte zurück in das große Ganze und sich mit seiner eigenen großen Seele vereinen.

Da Rheanna dem Reich der Feen angehörte, schien sie nicht älter zu werden. So konnte niemand sagen, wie alt sie wirklich war. Sie schien schon seit einer Ewigkeit in dieser Hütte am Waldrand zu leben. Selbst die Eltern, Großeltern und Urgroßeltern der Menschen holten sich von ihr Kräuter und Salben für die Heilung.

Rheanna lebte nicht bei ihrem Volk, den großen Feen „Hinter dem Wald". Sie lebte in einer Hütte am Waldesrand zusammen mit den Tieren und Naturwesen des Waldes und der Natur. Vor ihrer Hütte erstreckte sich eine große Wiese, die scheinbar bis an den Horizont zu reichen schien. In der Ferne waren die Wälder zu sehen, die diese große Lichtung einrahmten. Hinter der Hütte breitete sich ein Wald mit vielen alten Bäumen wie Eichen, Buchen, Ahorn, Birke sowie Tannen, Lärchen und Kiefern aus. Im Wald auf einer kleinen Lichtung befand sich eine sprudelnde Quelle, deren Wasser sich seinen Weg durch die Bäume hindurch bahnte, als Bächlein den Wald verließ und munter durch die Wiese plätscherte.

Die Wiese begann nach dem langen, großen Winter in den Farben Weiß, Gelb und dann in lilafarbenen Tönen zu erstrahlen. Bienen und Hummeln sammelten den Nektar und bestäubten die Blüten. Schmetterlinge in Scharen erhoben sich aus dem Blütenmeer, um sich an einer anderen Stelle wieder auf dem nächsten Blütenmeer niederzulassen. Häsinnen und ihre Verehrer tobten durch die Gräser, sodass der Blütenstaub sich wie eine gelbe Wolke erhob und alles unter sich in dieser Farbe des Frühlings einfärbte. Scheu, aber neugierig, traten einige Rehe mit ihren Kitzen am Waldrand hinzu, um dem Spiel des Frühlings beizuwohnen. Dachse lugten über den Saum der Gräser, ihre schwarz-weiß gestreifte Stirn war weithin durch das Grün der Wiese sichtbar.

Der Sommer veränderte die Farben der Wälder und Wiesen, so langsam reiften die ersten Früchte und viele rote, violette und braune Farbtöne bereicherten die Hecken. Nun kamen die Vögel und nährten sich an dem vielfältigen Nahrungsangebot, um ihre Jungen zu füttern. Wenn die Sommersonnenwende nahte, stellte sich der Kreislauf des Lebens wieder darauf ein, dass die Tage kürzer wurden und alle Lebewesen sich auf den Herbst vorbereiteten. Erst mit dem einsetzenden Schneefall zu Beginn des Winters kehrte für einige Zeit die Ruhe ein. Manche hielten Winterschlaf, wie die Bären und die Siebenschläfer und manche waren noch emsig unter der Schneedecke unterwegs. Dabei hinterließen die Mäuse regelrechte Pfade unter der Schneedecke, die nach dem Tauen sichtbar wurden. Die Wiese war nun eine einheitlich weiße Fläche. In dieser stillen Jahreszeit waren immer noch viele Tiere unterwegs. Anhand der Spuren im Schnee konnte man die aktiven Tiere wie Fuchs und Hermelin, Rehe und Wildschweine erkennen.

Es war eine einfache Hütte aus Holz mit einem großen Raum. Darin befand sich eine offene Kochstelle, in der über einem Dreibein ein großer, kupferner Topf hing, ein Becken aus Stein, daneben stand eine töpferne Wasserkanne. Ein großer Tisch stand mitten im Raum, auf dem sich Kräuter verteilten und Gefäße, Mörser und verschiedene andere Gegenstände standen. Dahinter gab es einen großen Schrank, so breit wie die Wand. In einigen Regalen konnte man verschiedene Gefäße erkennen, in denen sich Kräuter, Salben und Flüssigkeiten in verschiedenen Farben und Konsistenzen befanden.

In einer anderen Nische konnte man die Schlafstatt erkennen, abgetrennt durch ein Tuch aus grün-gelb gefärbtem Leinen. In dieser stand ein schmales Bett aus Holz gefertigt. Eine Matratze aus Stroh war sorgfältig mit einem Leintuch abgedeckt. Darüber lagen eine Schaffelldecke und ein Kopfkissen aus Leinen.

Neben der Schlafnische gab es einen Raum, mit einer verschließbaren Holztür, in dem sich ein Waschzuber und eine Trockentoilette befanden. Von dort konnte man nach außen treten und die Inhalte der Toilette entsorgen. Ebenso verbarg sich daneben hinter einer weiteren Öffnung ein Gästeraum, mit einem einfachen Strohbett, ebenfalls abgetrennt mit einem farbig gewebten Leinen.

In einer Ecke, neben dem Kamin, der Kochstätte und dem Steinbecken, waren Säcke aufgehängt, mit Stroh und Leinen ausgefüllt, wie ein Kobel oder eine Höhle als Schlaf- und Ruhestätte für Find-

linge. Darunter lagen gepolsterte Körbe für verletzte und elternlose Tiere. Mehrere Fenster erhellten den Raum, genauso wie ein Kerzenkranz über dem großen Tisch, um den herum sich drei Holzstühle gruppierten. Auf dem aus Ton gefliesten Boden lag ein gewebter Teppich, den sie einmal von Menschen aus dem naheliegenden Dorf als Dank für die Geburt ihres Kindes erhalten hatte. Sie genoss bei ihrem eigenen Volk und bei den Menschen als Heilerin und Kräuterkundige größten Respekt.

Ihre Türe stand für jeden offen und es herrschte immer ein reger Zulauf. Manchmal kamen Mensch oder Tier einfach nur zum Reden oder zum Austausch. Dann wurde es voll in der kleinen Hütte. Dabei erfuhr sie vieles, was im Umland passierte und wichtig war.

Rheanna streifte regelmäßig durch die Wälder in ihrer Umgebung und sammelte je nach Jahreszeit Kräuter, Samen, Harze und Rinden. Immer wieder setzte sie sich an den Fuß eines Baumes und lauschte ihren Geschichten aus den vielen Jahrhunderten. Waren sie doch die Träger des Wissens aus uralten Zeiten, die sie an ihren Nachwuchs, den jungen Bäumen, weitergaben. Auch die Wissenden und die, die hören konnten, verstanden ihre Botschaften. Eines Tages erzählten ihr die Baumältesten von den unsagbaren Taten der Menschen in den anderen Ländern. Davon, dass die Menschen den Glauben an sie als Wesen der Anderswelt und der Elementarwelt und damit auch an die Feen verloren haben, man erinnerte sich nicht mehr an sie und die Welt wurde dadurch immer manifestierter, damit ärmer und kälter. Zu allem Unglück holzten sie in vielen Regionen ganze Wälder ab, die jungen und die alten Bäume, selbst die Urwaldriesen blieben davon nicht verschont. Erst starb der Baum, dann starb das Wissen der Wissenden. Und damit starben auch die Baumgeister, die Seelen der Bäume.

Rheanna dachte darüber nach. „Wie können die Menschen ohne ihre Gemeinschaft mit den Naturwesen und den Bäumen leben?" Traurig beobachtete sie die Veränderungen.

Auch die Elementarwesen verloren ihre Lebensgrundlage, denn sie lebten in Gemeinschaft mit den Feen und den Bäumen. Und sie lebten sogar mit den Menschen, solange sie von ihnen noch wahrgenommen wurden und man sie anerkannte. Mit dem Aussterben von Tieren und Pflanzen auf der materiellen Welt starben auch die Elementarwesen aus. Und wenn sie ausgestorben waren, wie wussten dann die Bäume und Pflanzen, wie sie wachsen sollten? Wenn es ihnen die Elfen nicht mehr zeigen konnten? Waren sie doch maßgeblich daran beteiligt, den Pflanzen ihre energetische und materielle Form zu geben. Bei jedem Beginn eines neuen Jahres begaben sich die Naturwesen zu ihren Schützlingen und begleiteten sie über das gesamte Lebensjahr, bevor sie, wie ihre Schützlinge, sich in die Erde zur Winterruhe zurückzogen.

Sie besaßen das Wissen, die manifestierte Welt so zusammenzusetzen, damit die verschiedenen Formen von Pflanzen, Tieren, Mineralien, auch Menschen und Landschaften in Erscheinung treten konnten. In diesem Lebensabschnitt waren die Elementarwesen wie ein Lebenselixier für die Elementarwelt. Die Elementarwelt war eine Schöpfung von Gaia und Pan. Dort wurden die Elementarwesen geboren und dorthin kehrten sie zurück. In der Zeit zwischen dem Tod und der Wiedergeburt durchliefen sie einen Prozess der Weiterentwicklung. Mit dieser Weiterentwicklung konnten sie in der manifestierten Welt eine kompliziertere Aufgabe übernehmen. Damit ähnelten sie unserer (karmischen) Entwicklung.

Starb z. B. ein Baum auf natürliche Art, konnte das Elementarwesen in die elementare Hemisphäre zurückkehren und sich dort regenerieren. Dort wartete es auf den Ruf eines jungen Baumes, der einen elementaren Begleiter brauchte.

Wurde der Baum allerdings von Menschenhand oder von deren Technik (z. B. Harvester) geerntet, hatten die Elementarwesen meist nicht mehr die Möglichkeit, sich von ihrem Baum zu lösen und in die Oberwelt zurückzukehren. Sie verharrten hilflos am Stumpf und verstarben dort.

Die Elementarwesen stellten auch fest, dass der Mensch sie nicht mehr wahrnahm, weil die Menschen geistig abwesend waren. Und die Elementarwesen konnten durch die geistige Abwesenheit die menschlichen Wesen auch nicht mehr wahrnehmen. Die Kommunikation war damit auf beiden Seiten gestört. Und wenn die Elementarwesen keine Aufgabe mehr in Verbindung mit dem Menschen erfüllen konnten, dann lösten sich diejenigen auf, d. h. sie starben.

Rheanna sah dies mit wachsender Besorgnis und wurde immer nachdenklicher, da sich ihre Freunde und die Elementarwesen einfach so auflösten, ohne dass sie oder die Erdenmutter etwas ändern konnten. Dem Menschen war ein Bewusstsein gegeben und die Fähigkeit, eigene Entscheidungen zu treffen. Mit diesem Bewusstsein begann der Mensch, sich die Erde untertan zu machen und sie auszubeuten. Er erkannte nicht mehr ihr seelenhaftes, ihr lebendiges Wesen. Sie wurde zur reinen Materie herabgestuft und er begann, sie in allen Teilen, den Kontinenten, den Meeren und dem Luftraum zu vergewaltigen und übergriffig zu werden.

Lange grübelte sie nach, was sie dagegen unternehmen könnte. Ihre Augen schweiften zu den Kräutern und Tinkturen.

„Gibt es einen Kräutertrunk, den man den Menschen geben könnte, damit sie ihr eigenes Unheil erkennen oder wieder die Anderswelt wahrnehmen konnten? Oder muss ich etwa selbst zu den Menschen gehen und ihnen berichten, was sie anrichten? Spüren oder sehen sie das nicht?“, fragte sie sich erstaunt und spürte ihren Gedanken noch einmal nach.

„Die Menschen sind doch eigenartige Geschöpfe! Sie haben die Fähigkeit und die Macht, auf der Erde zu wirken, so wie wir und die Naturwesen es nicht können. Aber leben nicht im Einklang mit der Natur und zerstören so vieles“, stellte sie für sich fest.

Nun, sie, Rheanna, gehörte zum Volk der großen Feen und damit konnte sie nicht so einfach in die Welt der Menschen treten, um dort

länger zu verweilen. Deshalb war sie selbst noch nie in der menschlichen Welt gewesen und wusste nicht, was sie dort erwarten würde.

Die Einweihung

Zu einer Zeit, viele, viele Jahre zuvor, als in der Feenzeit Rheanna zu einer jungen Frau wurde, stand ihre große Initiation an. Dazu war es notwendig, dass sich die junge Frau auf ihre Aufgabe in ihrer eigenen Welt und auf die Integration in den Kreis der Schamaninnen vorbereiten sollte.

Sie begab sich am Abend vor dem Schwarzmond zu den ältesten Frauen und Schamaninnen ihres Volkes. Sie wurde gewaschen und in einfache Gewänder gehüllt. Im Kreis der Ältesten und Schamaninnen wurde ihr erzählt, mit welcher Intention sie nun in die Höhle ging. Sie würde in der Dunkelheit und im Schoß von Mutter Erde ihre wahre Bestimmung in Empfang nehmen. Sie würde erfahren, welche Auf-

gabe das Schicksal für sie bereithielt. Dazu würde sie drei Tage und drei Nächte in dieser Höhle verbleiben, fastend und nur mit frischem Wasser versehen. Sie konnte eine Trommel und eine Rassel mitnehmen, um einfacher und leichter in Trance zu kommen. In dieser Zeit hatte sie keinen räumlichen oder zeitlichen Bezug zur Außenwelt, sie war mit sich allein. Am Ende der Einweihungszeit würde eine der Schamaninnen kommen und sie aus der Höhle hinausführen.

Am Morgen des Schwarzmondes trat sie in den Kreis der Schamaninnen und wurde mit heiligen Kräutern geräuchert. Damit trennten sie sie energetisch von der Außenwelt ab. Die Schamaninnen im Kreis trommelten und heilige Gesänge ertönten und die älteste Schamanin begleitete sie zeremoniell in die Höhle. Am Eingang zur Höhle, ein kleiner Schlitz in der Erde, groß genug, dass ein Mensch hineinkriechen konnte, drehte sich die Älteste wortlos um und kehrte zu den bereits auf sie wartenden Schamaninnen zurück.

Langsam und bedächtig, demütig und erwartungsvoll kroch Rheanna durch den Schlitz. Nur wenige Meter dahinter öffnete sich eine große Höhle, deren Umrisse sie anfangs nur schemenhaft erkennen konnte. Dort, im Inneren von Mutter Erde, im Urmutterbauch, nahm sie Platz. Sie kannte die Dunkelheit, hatte sie sich doch schon lange auf diesen Prozess vorbereitet. Sie begann, leise zu summen. Mit der Zeit gewöhnten sich ihre Augen an die Dunkelheit und sie konnte die Struktur der Höhle erkennen. Im hinteren Bereich gab es eine Erhöhung, auf der Felle und Decken gerichtet waren und gerade so groß, dass sie sich dort hinlegen oder hinsetzen konnte.

Sie nahm dort Platz und begann zu trommeln. In der Trance überließ sie sich ihren aufkommenden Gedankenbildern. Die große Erdengöttin würde ihr ihre Aufgabe zeigen.

Planetenwelten zogen an ihr vorbei, das gesamte Universum wurde ihr präsentiert, Tierherden galoppierten durch ihre Gedanken, dann war sie als Arbeiterin Teil einer Ameisenkolonie, sie wurde zu einer gewaltigen Eiche, die den Stürmen trotzte, eine weiße Eule tauchte auf, blickte ihr tief in die Seele und löste sich wieder auf, weiße

Drachen zeigten sich ihr und wiesen sie an, auf ihre Nester zu achten, in denen unzählige Dracheneier lagen. Eine ganze Generation von jungen und neuen Drachen lag vor ihr in diesen Nestern. Das Bild verschwand und eine riesengroße Schlange bäumte sich vor ihr auf und verschlang sie gänzlich. Es war die Urschlange, die große Kraft der Erde. Sie durchwanderte in ihrem Leib die große Dunkelheit und nach einer gefühlt ewigen Zeit wurde sie wieder ausgespuckt. Nach diesem Transformationsprozess vereinte sich Rheannas Essenz, der Körper und der Geist, mit dem Erdenreich und sie wurde zu Lehm, wurde zum lebendigen Teil der Erde, einem lebendigen Mitglied von Mutter Erde, von Gaia, der Erdengöttin. Der Regen prasselte auf sie hernieder und die Wasserströme brachten dem Land das Leben und das Wasser für das Leben von Fauna und Flora. Sie wurde zu Sheela-na-gig, der Fruchtbarkeitsgöttin und aus ihrer Vulva strömte das pure Leben. Sie sah, wie Seen entstanden, in denen das Leben sich entwickelte. Sie sah, wie die Vulkane sich erhoben und das lebendige Feuer der Erde ausspien. Sie sah, wie die Winde durch die Wälder und über die Wiesen rauschten und sich emporhoben, um sich als ein sanftes Lüftlein wieder niederzulassen. Und sie sah, wie sich die Berge auftürmten und zu mächtigen Landschaftsformationen wurden. Die Urschlange, die Riesen und Drachen als geformte Urkraft waren mit an dieser Formung der Landschaften beteiligt. Als die großen Formkräfte hüteten sie diese Räume. Sie sah das Aussterben von unzähligen Tieren und Pflanzen und die Wandlung einer neuen Erde, die die Geburt von neuen Wesen hervorbrachte und in Zukunft noch hervorbringen wird.

Und Rheanna spürte, sie war ein Teil dieses Lebens und sie hatte die Aufgabe, dieses zu schützen und am Leben zu erhalten, sie war die Erdenhüterin. Sie sah sich als Waldfrau in einer Hütte am Waldesrand mit einer großen, alten Eiche, der Eiche, die sie bereits in einer früheren Vision sah. Sie sah sich als Schamanin, die den Menschen, den Tieren und der Fauna helfen konnte. Sie spürte aber auch einen dunklen Fleck, ein dunkles Etwas in ihrer Vision, den sie aber nicht benennen konnte und zu dem es noch keine klaren Bilder gab.

Am Ende ihrer dreitägigen Visionszeit wurde sie von der Schamanin abgeholt, die sie auch vor die Höhle begleitet hatte. Sie begann zu rasseln, das war das Zeichen für Rheanna, aus der Höhle, dem Urmutterbauch herauszukriechen. Es war noch früh am Morgen und die Sonne tauchte erst langsam hinter dem Horizont auf. In dieser Zeit konnten sich ihre Augen wieder an das Tageslicht gewöhnen. Und wieder wurde sie geräuchert und mit Gesang und Trommelklängen in die Gemeinschaft der Schamaninnen zurückgeholt. Nach der Waschung wurden ihr die Initiationsgewänder angelegt. Es waren heilige Gewänder, die zum Tragen nur den Initiantinnen vorbehalten waren. Dann erzählte sie im Kreis von ihren Visionen, nur zu dem dunklen Fleck fand sie keine Worte. Wie sollte sie das beschreiben? Sie erkannte ihre wahre Bestimmung und wollte zu dem Haus am Waldrand aufbrechen, um dort als Schamanin tätig zu sein. Der Kreis der Schamaninnen bestätigte dies mit einem Kopfnicken als Ausdruck der Zustimmung.

Danach wurde sie in den Kreis der Stammesmitglieder eingeführt als

RHEANNA – Die Waldfrau.

Rata, das Eichhörnchen

Leise fiepte es aus dem Unterholz. Rheanna lauschte auf und versuchte zu ergründen, woher das Geräusch kam. Das Unterholz war dicht und voller Dornen, doch sie wusste instinktiv, dass dieses Fiepen aus dieser Ecke des Weges stammte. Vorsichtig schob sie das Gestrüpp zur Seite und entdeckte in der Nische von zwei starken Wurzeln einer mächtigen Buche, tief ins Laub versunken, ein rotes Fellbüschel. Vorsichtig schob sie das Laub beiseite und ein junges Eichhörnchen lag da im Laub vergraben. Es schien die Augen gerade öffnen zu wollen und blinzelte Rheanna ängstlich an. Rheanna blickte suchend nach oben, irgendwo mussten doch die Eltern von diesem Jungen sein. In einem Astloch entdeckte sie den Kobel und blickte vorsichtig hinein. Dieser jedoch war leer. Die Kratzspuren am Eingangsloch deuteten eher daraufhin, dass sich ein Marder über den Kobel im Baum hergemacht hatte und das Junge wohl das Glück hatte, aus dem Nest gefallen zu sein.

Seine Geschwister waren allerdings nicht aufzufinden. Und ob die Eltern das überlebt hatten? Auf jeden Fall konnte sie das Kleine nicht hier im Laub zurücklassen, ganz schnell hätte ein anderer Jäger das Junge entdeckt. Also hob sie es sanft auf und legte es in die Falte ihres Umhangs nahe ihrem Herzen. Das Kleine wurde auf der Stelle ruhig, rollte sich ein, schloss die Augen und genoss die Wärme des Körpers. Vorsichtig, schützend die Hand unter dem kleinen Körper, trat sie den Heimweg an.

In den nächsten Tagen prüfte sie immer wieder, ob die Eltern zurückgekehrt waren, aber der Kobel blieb verwaist. Wohl hat die Eltern ein ähnliches Schicksal ereilt wie ihren Nachwuchs. Oder sie haben den Kobel aufgegeben, denn wenn sie bemerken, dass ihre Jungen weg sind, verlassen sie den Ort.

Also blieb das junge Eichhörnchen bei Rheanna. Sie richtete ihm in ihrem Haus ein Nest ein, worin es die Zeit des Schlafens verbringen konnte. War es wach, war es neugierig und fing an, seine Umgebung zu erkunden. Jeden Tag wurde es forscher. Jeden Tag wurde es kräftiger und lebhafter und so manch ein Streich ging auf seine Kappe.

Rheanna bezog das Haus direkt nach ihrer Initiation und lebte nun schon viele Sommer lang am Waldrand. Es war die Hütte und der Wald aus ihrer Vision. Sie verabschiedete sich von ihrer Familie und den Freunden, nahm nur ein paar wenige Kleidungsstücke und ihre schamanischen Utensilien mit, wie Rassel und Trommel, und verließ das Dorf, indem sie aufgewachsen war. Durch ihre Vision konnte sie den Platz des Hauses genau bestimmen und so zog sie drei Tage und drei Nächte über Land zu ihrem neuen Domizil. Ihr vertrauter Freund

A-Iriann begleitete sie, um nicht alleine gehen zu müssen. Er half noch beim Einrichten des Hauses, bevor er sich wieder auf den Rückweg machte.

Direkt hinter ihrem Haus befand sich eine uralte Eiche, die sie liebevoll Großvater Eiche nannte. Sein Alter konnte schon fast nicht mehr geschätzt werden, waren es doch mehrere Hundert. Mächtig überstand er viele Stürme und sah einige junge Bäume neben sich heranwachsen. Etliche von ihnen fielen unter den Äxten der Menschen. Nur ein niedriger, teils vermooster oder von Pilzen eingenommener Baumstumpf erzählte dann noch von dem einst stolzen Baum. Manchmal wussten die Waldarbeiter noch, wie man einer Baumseele vor dem Fällen die Freiheit geben konnte. Aber sie wandten dies immer weniger an und dann verblieb der Baumgeist an seinem letzten Stück Holz, an seinen Wurzeln hängen, bis er verkümmerte und sich, in sich zusammenfallend, auflöste. Dies betrübte Großvater Eiche sehr.

Doch dann bemerkte er den Neuling in Rheannas Haus und schmunzelte über die kleinen Frechheiten des Findelkindes. Er kannte Rheanna schon seit vielen Zeiten und wusste um ihre Bereitschaft, Tieren und Menschen in der Not zu helfen.

In seinem Stamm und in seinen alten Ästen gab es viele Hohlräume, die das junge Eichhörnchen fleißig erkundete. Manch ein Gegenstand aus dem Haus verschwand darin. Und so verging das Frühjahr und der Sommer begann. Die Menschen kamen und gingen wieder. Es waren Freunde dabei und Fremde. Manche mit dem Wunsch zur Heilung, manche gingen einfach so am Haus vorbei, ohne es wahrzunehmen, denn die Hütte war nur für die sichtbar, die echte Hilfe benötigten und an sie, die Waldfrau, glaubten.

Rheanna führte oft lange Gespräche mit Großvater Eiche, er war klug und hatte ein großes Wissen. Dabei saß sie entweder rittlings auf einem seiner starken und mächtigen Äste oder am Stamm angelehnt, beide Beine auf einem der großen Äste abgelegt, so als wäre sie mit ihm verwachsen – eins mit dem Baum. Meist kam

Rata dazu und kuschelte sich in ihre Achselhöhle. So nannte sie das Eichhörnchen, Ratatösk oder einfach nur Rata. Hier konnten sie Stunden verbringen und erzählen, aus früheren und aus jetzigen Zeiten. Auch die Eiche hatte aus seinem langen Leben viel zu erzählen. Es schien, als würde hier die Zeit stehen bleiben.

Sommersonnenwende

Rheanna hing ihren Gedanken nach. Die Sommersonnenwende stand heute Nacht bevor. Dieses sommerliche Hochgefühl brachte aber auch eine Ahnung von Vergänglichkeit mit sich. Rheanna bemerkte, dass der Licht- und Sonnengott nun in seiner vollen Kraft stand und sich der Jahreslauf in einem energetischen Umschwung befand, die Tage wurden jetzt wieder kürzer und damit wurde die Lichtkraft täglich unmerklich schwächer. Sie wusste auch um die Kraft der Pflanzengöttin, die in dieser Zeit mit den Früchten der Erde schwanger war. Die Zeit reifte heran und die Ernte stand bald an.

In dieser Zeit des Mondes spürte sie aber auch seine untrügliche und unbewusste Tiefe, sowie die davon ausgehende Emotionalität, die sie prägte für alle diese Zeit, die Früchte durchliefen einen Reifungsprozess und drängten der Vollendung entgegen. Aber es gab auch erste, nicht sichtbare Zeichen, dass sich etwas verändern würde, etwas, was nichts mit dem Lauf des natürlichen Lebens zu tun hatte. Wann und was konnten weder sie noch Großvater Eiche benennen. Jedoch bis dahin wollte man das Leben genießen und es weiterführen, wie man es kannte.

Der Tag der Sommersonnenwende war auch die Zeit, in der die Götter und die Naturwesen in die Welt der Menschen treten konnten, um Weisheiten ihrer Welt an die Menschen zu überbringen. Doch sie, Rheanna, hatte zu diesem Zeitpunkt nicht das Bedürfnis, das zu tun.

Rata war nun ausgeschlafen und hatte vor, auf eine Erkundungstour zu gehen. Er verließ die gemütliche Achselhöhle von Rheanna und kletterte schnatternd und vehement den nächsten Ast empor. Großvater Eiche lachte leise und es schien, als würde Rata ihn mit seinen Krallen kitzeln. Immer weiter stieg es hinauf und scheuchte dabei einiges Getier auf.

Zeternd umflog eine aufgeregte Amsel das Eichhörnchen, um es von seinem Nest wegzulocken. Sie bebrütete gerade ein zweites Mal ihre Eier und war sehr nervös. Schmetterlinge flogen auf, als der Störenfried seinen Weg nach oben fortsetzte. Plötzlich erschien über ihm ein großer Schatten, ein Habicht überflog den Wald. Größer als es ihn jemals gesehen hatte. Ihm war eine Warnung seiner Mutter in Erinnerung, die vom großen Schatten erzählt hatte. Was war das noch einmal? Instinktiv duckte sich Rata in eine Astgabel und wartete ab, bis der große Schatten vorbeiflog und nicht mehr zu sehen war.

Er wollte Rheanna noch danach fragen, was es damit auf sich hatte und was der große Schatten bedeutete. Aber, der Leichtigkeit der Jugend folgend, vergaß er das Erlebte und setzte seinen Erkundungsgang durch die Krone der Eiche fort. Überall krabbelte es und flogen Wesen auf, die ihm noch vollständig unbekannt waren. Neugierig schnüffelte er hier und stupste da eine Baumwanze an, die entrüstet einen nicht gerade angenehmen Duft verbreitete.

Plötzlich zischte etwas hinter ihm. Erschrocken sprang er zur Seite und drehte sich im Sprung zu diesem Geräusch um. So etwas hatte er noch nicht gesehen. Ein langes, graues Etwas, mit dem halben Körper aufgerichtet, einen Kopf so breit wie sein Körper, das Maul weit aufgerissen und mit roten, feurigen Augen, züngelte dieses

Wesen bedrohlich in Ratas Richtung. Erschrocken ging Rata einige Schritte zurück, drehte sich schnell um und trat den Rückweg an. Ihm reichte es für heute. Mit einem Sprung landete er auf Rheannas Schultern und war sichtlich froh, heil und unversehrt angekommen zu sein. Mit einem Blick nach oben in die Krone des Baumes vergewisserte er sich, dass dieses unheimliche Wesen ihm nicht gefolgt war. Später wollte er dieses Abenteuer Rheanna erzählen, aber nun war er erst einmal froh, wieder in ihrer Obhut zu sein.

Langsam senkte sich die Sonne hinter dem Horizont und die kürzeste Nacht des Jahres wollte kommen. Andere Wesen eroberten dann den Wald. Wesen, die in der Nacht hervorragend sehen konnten. Das bedeutete, dass Rheanna und ihr kleiner Begleiter zurück zum Haus gehen sollten. Die Schatten des Waldrandes gingen schon in den Nachtschatten über und die ersten roten und gelben Augen blitzten auf und es raschelte im Unterholz. Rasch verabschiedeten sie sich von Großvater Eiche und traten den Heimweg an.

Rheanna kannte den Weg und ging sicher. Ab und zu flog ein kleiner Schatten über sie hinweg, Fledermäuse, die ihren schrillen Ton ausstießen, um sich zu orientieren. Rata hingegen konnte mit dem Einbrechen der Nacht noch nichts anfangen, zu unbekannt war es für ihn. Er kniff seine Augen fest zu und rückte ganz nah an Rheannas Hals. Er schien sie fast erwürgen zu wollen. Der Weg war nicht weit und so erreichten sie Rheannas Haus in wenigen Minuten. Rata verkroch sich gleich in sein Nest und war froh, dieses Abenteuer überlebt zu haben und versank in einen tiefen Schlaf.

Rheanna hingegen blieb noch eine Weile auf ihrer Terrasse sitzen und dachte über die Veränderungen nach, die sie kommen spürte. Aber sie waren noch so weit weg und keiner konnte sie mit Worten beschreiben. Also schob sie ihre Gedanken beiseite und genoss noch den warmen Sommerabend mit seinen letzten roten Strahlen. Das Abendrot versprach für morgen einen schönen Tag. Eine leichte Brise streifte ihre Haut und sie dachte darüber nach, wie schön sie es hier hatte. Mit einem Gefühl der Dankbarkeit blickte sie zu Großvater

Eiche, dessen Blätter leise in der Brise raschelten und seine Zweige sich über ihrem Haus erstreckten, als wollte er sie damit beschützen.

In dieser Nacht der Sommersonnenwende entzündeten die Menschen rundherum auf den Hügeln die Mittsommerfeuer, ein Dank an Mutter Erde für ihre Fruchtbarkeit. Rheanna nahm es mit Freuden wahr, viele der anderen Jahreszeitenfeste wurde von den Menschen leider nicht mehr praktiziert, man kannte sie schlichtweg nicht mehr.

A-Iriann

Zwischen den Ästen zweier Bäume hatte eine Kreuzspinne ihr Netz aufgespannt. Jeder Windhauch ließ es vibrieren, aber die Spinne verharrte in der Mitte ihres kunstvollen Geflechtes. A-Iriann umging es vorsichtig, um es nicht zu zerstören. Jedes Lebewesen hier auf Erden hatte ein Recht auf Leben. Und als Waldmann respektierte er das. So wie alle Naturwesen das Leben der anderen respektierte. Umso unverständlicher war es für ihn, wie die Menschen damit umgingen, für sie war ein Leben, das geringer als ihr eigenes schien, nichts wert.

Als die Menschen anfingen, sich von der Natur zu entfernen und sie als gefährlich und unsauber zu definieren, distanzierten sich die Feen von dem Volk, mit denen sie bisher Seite an Seite lebten. Nur die Menschen, die mit Feen verheiratet waren oder Kinder mit ihnen hatten, fanden noch den Zugang zu ihnen. Heute traf man sich nur noch zu Festen und großen Feierlichkeiten.

Der Sommer war heiß und trocken gewesen. Die Felder und Wiesen waren braun, kaum ein Grashalm war mehr zu sehen. Nur die Bäume mit tiefen Wurzeln oder nahe am Wasser hatten ihr grünes Laub behalten. Jedoch gab es auch einige von Ihnen, die vorzeitig ihr Laub abwarfen. Die Nahrung für viele Tiere war verbrannt, und so hatten auch sie kaum eine Chance zum Überleben.

Einige Bäume trugen so viele Früchte wie schon lange nicht mehr, Zweige brachen unter ihrer Last, manche Obstbäume fielen einfach um mit ihren schweren Früchten. Die Vögel hatten sich bei dieser Hitze in schattenreiche Wälder zurückgezogen, das Land schien erstarrt zu sein und flimmerte bei über 30° C. Der Regen blieb aus und manch ein Bach oder Fluss wurde zu einem Rinnsal. Und dort, wo der Regen nach dieser langen Trockenheit niederkam, war die Erde nicht in der Lage, diese Regenmengen aufzunehmen. So flossen sie talwärts und rissen alles mit. Die Wassermassen rissen tiefe Gräben, in denen vorerst nichts mehr wachsen konnte.

Die Feen beobachteten diese Veränderungen, die die Natur mitmachte, schon seit vielen Jahren. Sie sahen aber auch, wie die Elementarwesen versuchten, ihre Arbeit trotz dieser Veränderungen zu verrichten, aber damit nicht immer zurechtkamen. Sie konnten sich nicht so schnell anpassen.

Dort wo der Mensch massiv in die Landschaft eingriff, ging es mit der Natur schnell bergab. Baumgeister, Quellnymphen, Elfen und Zwerge wurden vertrieben, ihr Lebensraum verwüstet und abgeräumt. Wälder, Haine, Wiesen und Quellen wurden zerstört, um für menschliche Aktivitäten Land zu gewinnen.

Der Mensch hatte vergessen, dass auch die Natur ein lebendiges Wesen war. Wenn die Naturwesen keinen Raum mehr auf der Erde vorfanden, zogen sie sich in die Untere Welt zurück und verblieben dort, bis sich ihnen eine neue Gelegenheit bot, auf der Erde eine neue Heimat zu finden.

In der großen Landschaft, in der das Volk der Feen im Dorf „Hinter dem Wald" lebte, residierte eine große Landschaftsgöttin, eine Deva der Pflanzen, Mineralien und der Wildtiere. Diese Deva wachte auch über das Dorf der Feen „Hinter dem Wald", deren „Aufgabe" es war, die Gnome und Elfen zu beaufsichtigen und die von ihnen ausgeführten Lebensprozesse zu koordinieren. Und diese harmonisierten die verschiedenen Abläufe, Wachstum und Tod, Leben und Vergänglichkeit, innerhalb der Naturreiche und kümmerten sich um die Orte der Kraft und die Heiligen Haine. Dabei verblieben sie immer in der

Landschaft ihrer Großen Göttin, der Deva ihrer Landschaft. Das war ihr heiliger Bezirk, der ihnen anvertraut war.

Das Dorf lag an einem Hügel, einem Feenhügel. Das Reich der Feenkönigin befand sich im Inneren der Erde, in ihrem Schoß, aus dem alles Leben immer wieder neu hervorkam. Und sie arbeiteten gerne mit den Menschen zusammen, die die Tiere und die Natur liebten, mit ihnen verbunden waren. Über die Ebene der Gedanken und Visionen vermittelten sie den Kräuterkundigen, Heilern oder Ärzten wichtige heilende Fähigkeiten oder Kräuter und Mixturen zur Heilung. Mit ihren Gesängen, am liebsten bei hellem Mondlicht, bezauberten und berührten sie die menschliche Seele.

Das Volk „Hinter dem Wald" lebte nach außen hin in einfachen Holzhütten, die jedoch komfortabel eingerichtet waren. So gab es Wohn- und getrennte Schlafräume für jedes Mitglied der Familie, Koch- und Wascheinrichtungen und Räume für die Lagerung von Speisen. Sie waren fast die größten Räume, denn es galt, eine große Familie zu ernähren. Zudem gab es in diesem Dorf Räume der Zusammenkunft, der Gemeinsamkeiten und des Austauschs, wohin jeder, wann es ihn beliebte, kommen und sich mit anderen treffen konnte.

Es gab aber auch Völker, die in großen Bäumen lebten oder in Höhlen. Aber eines hatten sie alle gemeinsam, den großen Festplatz. Man traf sich dort, wenn etwas zu klären oder zu entscheiden war, wenn Feste gefeiert werden sollten, wie Hochzeiten oder Jahresfeste. Er war immer so groß, dass das ganze Volk und die Gäste darauf Platz fanden.

Und so feierten sie zu verschiedenen Anlässen ihre Feste, mit denen sie den Beteiligten des Wachstums in der Natur huldigten und um den vielen Wesen, die unermüdlich daran arbeiteten, zu danken.

Dieses Fest, das nun gefeiert werden sollte, war Lughnasadh, das Fest des Sommers, danach kündigte sich die neue Zeit des Herbstes an. Die lichtvolle Zeit würde wieder dunkler werden. Aber es war auch die Zeit der Ernte und des Dankes für die Früchte, die Mutter Erde hervorgebracht hat.

A-Iriann war nun auf dem Weg zu den Nachbarvölkern, um sie zu diesem Fest einzuladen. Es gab immer ein Volk, das das Fest ausrichtete, man wechselte sich durch und in diesem Jahr war das Volk der Feen mit ihrem Dorf „Hinter dem Wald“ an der Reihe. Es herrschte lebhaftes Treiben bei den Vorbereitungen. Jeder hatte emsig zu tun, ihre eigenen Hütten vorzubereiten, den Festplatz zu schmücken und die neuen Hütten für die vielen unterschiedlichen Gäste aufzubauen.

A-Iriann kam bei Rheannas Hütte an. Es war schon spät am Nachmittag und sie war noch nicht zurück. Also nahm er auf der Bank vor der Hütte Platz und erwartete ihre Ankunft. Sein Blick schweifte über das Land und nahm wahr, dass dies ein schönes Plätzchen war, an dem sie sich niedergelassen hatte. Saftige Wiesen und grüne Mischwälder umrahmten das Areal. Er hörte in der Nähe einen Bach plätschern. Hinter der Hütte befand sich die große alte Eiche und am Waldesrand wuchsen Ahorn, Kiefer, Tanne und eine uralte Linde sowie Buchen als Wächterbäume, gesäumt von verschiedenen Sträuchern.

Nach einer kurzen Zeit erreichte auch sie die Hütte, Rata sprang ihr voraus, er hatte den Gast schon entdeckt. Er kannte ihn noch nicht und blieb in respektvollem Abstand vor ihm stehen, um ihn zu beäugen. Rheanna lief freudig auf A-Iriann zu und sie umarmten und begrüßten sich wie alte Freunde aus frühen Tagen. „Rata, begrüße ihn ruhig, er ist aus meinem Volk und ein vertrauter Freund.“

Sie nahmen beide auf der Bank Platz. Warme Sonnenstrahlen flimmerten durch das Blattwerk der Birke. Zögernd ging Rata Schritt für Schritt auf ihn zu, immer bereit, die Flucht antreten zu können. Schmunzelnd beobachteten sie beide die vorsichtige Annäherung dieses eigentlich vorwitzigen Eichhörnchens, während sie sich darüber austauschten, was sich in der letzten Zeit seit ihrer letzten Begegnung ereignet hat.

„Und ... was bringt dich heute zu mir?", fragte Rheanna. „Ich bin als Bote unterwegs, unser Fest Lughnasadh wird in Kürze stattfinden und wir wollten dich wie jedes Jahr einladen, daran teilzunehmen. Es ist bald Vollmond und damit steht die Vermählung von Lugh und Annonia an. Damit beginnt auch in der Menschenwelt die Erntezeit", antwortete ihr A-Iriann. Nach einem kurzen Moment, in der er Rheanna beobachtete, ergänzte er: „Wir feiern dieses Fest diesmal in unserem Dorf."

„Vielen Dank für deinen Weg hierher und deine Einladung, ich weiß sie zu schätzen. Aber ich kann hier die Tiere und die Menschen nicht allein lassen, die mich brauchen. Der Weg in unser Dorf dauert vier Tage und drei Nächte. Es ist sehr weit."

Nachdenklich schaute sie A-Iriann an. Sie wäre schon gerne wieder einmal ins Dorf gekommen, auch um die anderen Dorfbewohner und deren Familien wieder zu sehen. Aber irgendetwas schien sie auch diesmal zurückzuhalten. A-Iriann beobachtete sie. Er spürte, dass sie etwas bedrückte. Aus Respekt vor ihr hakte er nicht nach. Sie würde es schon erzählen, wenn es für sie wichtig war.

Sie blickte zu Rata. Er war momentan ihr einziges Pflegekind. Aber dieser heiße Sommer hinterließ seine Spuren und sie ahnte, dass noch etwas auf sie zukommen und ihre Hilfe als Waldfrau und Heilerin benötigt würde.

Sie erzählten sich noch einige Geschichten aus ihrem Dorf, lachten über alte Zeiten und so langsam brach die Nacht herein. Sie bot A-Iriann an, im Gästebereich zu übernachten, was er auch gerne annahm. Denn Gast bei Rheanna zu sein, bedeutete immer, geschätzt zu sein. Sie nahmen ein gemeinsames Mahl auf der Terrasse ein, an dem auch Rata seine Scheu gegenüber dem Fremden verlor. Seine Witzigkeit und sein Temperament ließen die beiden das Gesprochene und Nichtgesagte lachend vergessen. Spät am Abend zogen sich alle in ihre Räume zurück und die Nacht konnte über diese Hütte und über das Land kommen.

Das Sommerfest Lughnasadh

Am Abend zum achten Vollmond nach Jul (Wintersonnenwende) wurde das Lichtfest Lughnasadh gefeiert, zu Ehren des Feuergottes Lugh, der sich nun mit der Erdgöttin vereinte. Es war die Reifezeit der Früchte und Körner, der Nüsse und Samen und der Beginn der Erntezeit und damit Beginn des Herbstes.

A-Iriann war ausgezogen, alle zu diesem Fest einzuladen. Und sie kamen alle. Die ersten Gäste kamen bereits am frühen Nachmittag an. Der Festplatz füllte sich langsam mit Naturwesen aller Art. Einige kannten und begrüßten sich, andere hielten respektvollen Abstand und musterten teils neugierig, teils vorsichtig die Nachbarn in ihrer Umgebung.

Und weitere Naturwesen trafen ein. Manche bewegten sich schimmernd, züngelnd, sprudelnd, kriechend, wirbelnd oder mit einem Hauch von Nichts, alle in ihren eigenen Elementen – Wasser, Feuer, Erde und Luft.

Zwei Einhörner trabten elegant mit erhobenem Kopf in die Manege. Ihr Fell erstrahlte in einem bläulichen Weiß, die schlanken Fesseln schienen in einem Lapislazuli-blauen Ton, während ihr Horn elfenbeinweiß schimmerte. Aus der Spitze strahlten Energieblitze, mit denen es bei Berührung heilen konnte. Und sie konnten sich damit auch mit anderen Wesen telepathisch unterhalten.

So schien der schwarz-gelb gefleckte Salamander immer einen Hauch von züngelndem Feuer um sich herum mitzutragen, obwohl seine Lebensräume die flachen Gewässer sind. Manch einer sprang erschrocken zur Seite.

Groß und triefend nass betrat ein Wassermann mit seinem Dreizack die Bühne. Dort wo er stand, hinterließ er immer eine große Pfütze, worin sich gerne kleine Nixen und Undinen tummelten. Der Salamander rettete sich vor einem dicken, großen Wassertropfen, der von dessen Dreizack wie ein Wasserfall herunterlief, unter einen großen Stein, der auf der Tribüne platziert war. Der Wassermann schüttelte sich wie ein nasser Hund, die Tropfen flogen in einem großen Bogen davon und trafen die gerade in der Nähe stehenden Einhörner. Das Wasser lief aus ihren Mähnen am Hals abwärts und tropfte auf den Boden. Dies nutzten wiederum die kleinen Nixen, die die Wasserfälle an den Hälsen lachend umspielten.

Dann gab es eine Bewegung in den hinteren Reihen, zwei Riesen betraten vorsichtig den Rand des Platzes. Mit ihrer Größe überragten sie alle anderen. Beide waren mit einem Beinkleid aus Leder bekleidet, darüber trugen sie ein wollenes Hemd, das mit einem breiten ledernen Gürtel und mit einer überdimensional großen Schnalle gehalten wurde und eine aus Wolle gewebte, ärmellose Jacke. Das Haar reichte lang und wellig über die Schulter und der Bart bedeckte die Brust. Beide trugen einen Knüppel, der sich am Ende verdickte, bei sich. Vorsichtig stellten die beiden ihren Knüppel hinter sich an die rückwärtige Mauer.

Sie nahmen auf dem großen Felsbrocken neben dem Wassermann Platz. Der Salamander bemerkte dies und duckte sich in eine Felsspalte, um nicht plattgedrückt zu werden und schlängelte sich dann auf die andere Tribünenseite zu den kleineren Gästen.

Ein heftiger Windhauch kündigte dann die Luftwesen an. Sylphen, Windgeister, chaotisch und nicht greifbar. Sie verfügten über einen filigranen, menschenähnlichen Körper und nahmen bei den Einhörnern Platz. Bei ihrer Ankunft wirbelten sie erst einmal alles durcheinander, was nicht niet- und nagelfest war, bevor sie Platz nahmen und wieder Ruhe einkehren konnte.

Rund um den Festplatz waren schon viele Plätze eingenommen worden. Leise Gespräche raunten durch die Sitzplätze. Manche hatten sich viel zu erzählen, andere staunten stumm über die Anwesenden.

In der Zwischenzeit erreichten die Abgesandten der Feen, Pflanzen-Devas und weitere Naturgeister als kleine geflügelte Wesen aus dem Reich der Blüten und Blumen die Tribüne. Hinter ihnen folgten drei Zwerge, diese betraten die Manege. Sie blickten sich um und nahmen auf der anderen Seite der Tribüne ihren Platz ein. Mit Ihrer Bekleidung hatten die Zwerge ähnliche Stoffe und Materialien wie die Riesen. Jedoch unterschied sich ihr Äußeres von ihnen. Sie waren wesentlich kleiner, kurzbeinig und reichten den Riesen gerade bis ans Knie. Ihr Kinn wurde von einem nach unten spitz zulaufenden Bart eingerahmt und reichte von Ohr zu Ohr, die unter ihren Mützen zu vermuten waren. Sie lebten normalerweise im Berg und hatten ihr Schmiedewerkzeug, einen Hammer und eine Streitaxt, bei sich. Die Riesen jedoch lebten auf den Bergen und kamen nur zu besonderen Festen herunter. Somit begegneten sich beide sehr selten und musterten sich argwöhnisch. Auch die Zwerge und die ihnen nachfolgenden Kobolde stellten ihr Werkzeug an den Rand des Festplatzes, bevor sie in der Nähe der Riesen ihren Platz einnahmen.

Es war Tradition, dass Werkzeuge und Waffen bei dieser Veranstaltung an den Rand des Festplatzes deponiert wurden. Dazu gab es hölzerne Ständer, wo jeder seine Gerätschaften abstellen konnte.

Ein weiterer Gast betrat den Kreis, Pan, der Waldgott, der Meister der Natur, Gott der Wälder und Wiesen. Mit seinem Aussehen, menschlicher Oberkörper und Unterkörper eines Ziegenbocks, hatte er schon eine außergewöhnliche Gestalt. In seiner Begleitung befanden sich einige Faune, für jede Baumgruppenseele ein Vertreter. Pans Gewand glitzerte mal in Gold, mal in Grün und ab und zu in Rot, je nachdem wie die Sonnenstrahlen auf ihn trafen. Am Gürtel befand sich die siebenröhrige Panflöte, die er immer bei sich trug. Er liebte Musik, Tanz und Fröhlichkeit und freute sich auf dieses Fest. In der linken Hand hielt er einen gekrümmten Hirtenstab, das Zeichen für den Kreislauf und die Wiederkehr der Jahreszeiten. Ein Kranz von strahlendem, lichtvollem Elixier umgab ihn. Ehrerbietig ließ man ihm den Vortritt zum besten Platz in der Runde.

Und alle kamen sie aus den umliegenden Dörfern und noch viele mehr aus den weit entfernten Siedlungen, um von diesem Fest zu erzählen und die Kraft in ihrem eigenen Lebensraum einzubringen. Dieses Ereignis stellte die neue Zeit dar, die nun begann – die zweite

Jahreshälfte hatte nun angefangen und ein neuer Kreis des Lebens nahm seinen Lauf.

Die Feen der anderen Dörfer begegneten und begrüßten sich. Man kannte sich beim Namen und wusste, von welchem Volk man abstammte. Das Begrüßungskomitee vom Volk „Hinter dem Wald", darunter auch A-Iriann, der die Botschafter der Völker persönlich eingeladen hatte, begrüßte jeden einzelnen Ankömmling bei seinem Namen und bei dem Namen seiner Sippe. Man begrüßte sich als Freund und Verbündeter. Die Botschafter der Feensippen hatten die Aufgabe, das Ritual gemeinsam durchzuführen und es dann ihrem Volk zu berichten. Eine sehr ehrenwerte und wichtige Aufgabe für die Botschafter und diese nahmen es sehr, sehr wichtig. Man wäre niemals auf die Idee gekommen, daran nicht teilnehmen zu wollen.

A-Iriann wurde vielmals nach Rheanna gefragt, ob sie denn dieses Jahr beim Fest dabei sein würde. Sie war bekannt bei den meisten Völkern, man schickte viele Menschen und Tiere zu ihr, da man ihr Wissen und ihre Erfahrung sehr schätzte. Er konnte es nur verneinen und nahm sich vor, wenn er sie zum nächsten Fest einlud, ihr zu erzählen, wie sehr sie vermisst wurde. Dann widmete er sich wieder dem Begrüßen der Teilnehmer.

Mittlerweile senkte sich die Stille der Nacht über das Land. Nur der Schimmer des Mondes strahlte durch die Bäume und erhellte den Festplatz.

Plötzlich kehrte eine ehrfurchtsvolle Ruhe ein. Alle drehten sich zum Eingang des Kreises um, die Rote Göttin betrat mit ihrem Gemahl, dem Sonnengott Belenos, den Kreis. Sie würde sich nun bald wandeln und in der Metamorphose zur Schwarzen Göttin in die Unterwelt zurückkehren. Denn sie hat ihre Aufgabe als Fruchtbarkeitsgöttin erfüllt und die Früchte der Erde standen nun zur Verfügung. Für sie, mit ihr und für die anstehende Hochzeit wurde dieses Fest veranstaltet.

Ein Aufschrei ging durch die Menge. Lugh, der Feuergott betrat die Bühne und vor der gesamten illustren Hochzeitsgesellschaft spannte er seinen Bogen, zielte auf Belenos, der sich in den vorderen Reihen mit seiner schwangeren Göttin niedergelassen hatte und streckte ihn mit einem Mistelpfeil nieder. Das Königreich von Belenos, dem Sonnengott und seiner ehemaligen Blumengöttin fand an diesem Tag ein jähes Ende, denn nun übernahm Lugh, der Feuergott, die Herrschaft der kommenden Zeit. Er reichte seiner neuen Königin die Hand und vermählte sich vor den Augen der Hochzeitsgesellschaft mit ihr. Als Annonia, Matrone und Korngöttin, würde die Rote Göttin ihr Füllhorn ausschütten und das erste Erntefest des Jahres konnte beginnen. Die Gäste jubelten ihnen zu, denn sie wussten, dass durch das Vollziehen der Vermählung und der Hochzeitszeremonie der Welt eine neue Zeit eröffnet werden würde.

Annonia, die Korngöttin segnete nun Obst, Beeren und Früchte, denen die Sommerhitze Reife und Süße geschenkt hatte, das Getreide, das nun feste, goldene Körner bekommen hatte und die Kräuter, die nun mit heilsamen, ätherischen und fetten Ölen angereichert waren. Überall im Land wurden nun weitere Augustfeuer von den Menschen gezündet. Es kam jetzt die Zeit, das Getreide zu ernten, dies war die Zeit der Kornmutter Annonia als Schnitterin. Die Naturwesen, allen voran die Feuerwesen, begannen nun, die abbauenden Prozesse bei allen Pflanzen einzuleiten.

Lughnasadh war das große Fest des Sommers, das langsame Sterben des Lichtes, des Getreides und der Früchte und gleichzeitig die Geburtszeit von neuen Energien, bevor sich im Herbst die Natur wieder zurückzog, zurück in den Schoss von Mutter Erde. Lughs Aufgabe war es nun, die Vergeistigung und Vervollkommnung der Natur voranzutreiben und das Gewordene zum Verblühen zu führen, zum Versamen und zur Auflösung in die geistige Dimension. Damit gab er Mutter Erde ihr geistiges Potenzial zurück, damit es im nächsten Frühjahr wieder zur Verfügung stehen und sich daraus neue Energien, neue Pflanzen und Früchte entwickeln konnte. Die ersten Gewitter des ausklingenden Sommers zeigten nun die elektrische Herrschaft des Feuergottes an.

Nana und Schneewind

Rheanna befand sich zu diesem Zeitpunkt in ihrem Haus am Waldrand und lauschte dem Klang des Hochzeitsfestes, das in sanften Wellen, trotz der großen Entfernung, wie energetisch an ihr Ohr drang. Sie erfreute sich daran und nahm sich vor, auch mal wieder an diesem Fest teilzunehmen. Die Nacht brach herein und sie betrat noch einmal den Garten vor ihrer Tür. Es war ein heißer und trockener Tag gewesen, wie schon seit Wochen. Kein Regen kündigte sich an, keine Wolke war am Himmel zu sehen. Sie war unruhig, irgendetwas lag in der Luft. Irgendetwas, was sie nicht kannte, ein Gefühl, eine Spannung, eine Bewegung. Auch Rata spürte dies und wollte nicht so recht zu ihr in den Garten kommen.

Im Gehölz hinter ihrem Haus raschelte es, auch Rata hatte es gehört, richtete sich auf und spitzte seine Ohren. Plötzlich rannte er los und erklomm Rheannas Rücken bis zur Schulter, dort wo er sich sicher fühlte. Aus dem Gebüsch kam auf leisen Pfoten ein Luchs direkt auf Rheanna zu. Rata fing an zu schimpfen, aber Rheanna beruhigte ihn. Sie kannte diesen Luchs. Sie hatte sie vor vielen Jahren als Waisenkind gefunden und großgezogen. Sie, die Luchsin, die sie Nana nannte, kehrte regelmäßig zurück, manchmal hatte sie 2-3 Junge dabei und stellte sie dann Rheanna vor. Diesmal war keines ihrer Jungen bei ihr. Rata hatte sich immer noch nicht beruhigt, standen doch ab und zu Eichhörnchen auf der Speisekarte von Luchsen.

Aber Nana kümmerte sich nicht um das Geschnatter dieses viel zu quirligen Wesens, sondern lief direkt auf ihre ehemalige Ziehmutter zu und legte sich vor ihr auf den Boden.

„Nana, wie schön, dich wiederzusehen.“ Rheanna war sichtlich erfreut über diesen Besuch. „Wie ist es dir zwischenzeitlich ergangen? Wo sind deine Jungen?“ Nana schaute traurig Richtung Wald.

Nana brauchte lange, bis sie antwortete. Langsam begann sie:

„Sie ..., sie haben es alle nicht geschafft." Sie brauchte einen Moment, um weiterzureden. „Ich habe sie alle drei kurz nacheinander verloren." Entsetzt schaute Rheanna die Luchsin an. „Was ist passiert?" Nach einer weiteren langen Pause fing Nana an zu erzählen. Man sah ihr an, dass es ihr schwerfiel.

„Das erste starb beim Überqueren dieses großen grauen Flusses, auf dem die Menschen sich in Kisten fortbewegen." Sie strich sich mit einer Pfote über ihre Augen.

„Dann kam ein großes, metallenes Ungeheuer und fraß die Bäume und zerstörte alles, was unter der Erde war. Meine beiden anderen Jungen waren zu diesem Zeitpunkt in unserer Höhle, die von diesem Ungeheuer vernichtet wurde. Ich fand keinen von ihnen mehr lebend vor." Noch einmal wischte sie sich mit der Pfote über ihre Augen.

„Auch das Land ist verwüstet, kein Baum steht mehr. Alle Tiere sind entweder tot oder von dort geflüchtet und auch die Naturwesen sind nicht mehr da. Das Land ist tot – es ist ein grausames Bild. Deshalb

bin ich weg." Rheanna erschauderte bei dieser Erzählung und ganz tief in ihrem Inneren wusste sie, dass es etwas mit diesem Ungetüm zu tun hat, das sie spürte und sie erschaudern ließ.

Die Nacht war da und sie bot Nana an, bleiben zu können. Die Luchsin suchte sich einen geschützten Platz in der Umgebung und Rheanna ging mit Rata ins Haus. Am nächsten Morgen war Nana gegangen.

„Ob ich sie je wiedersehen werde?", dachte sich Rheanna. Sie wusste, dass sich Nana ein neues Revier suchen würde, in dem sie ausreichend Nahrung fand. Aber was war das mit diesen metallenen Ungeheuern? Kamen diese von den Menschen und warum machten sie das? Wussten sie denn nicht, dass sie der Natur und damit den Naturwesen schadeten? Sie musste dem nachgehen und nahm sich vor, wenn wieder Menschen zu ihr kamen, sie danach zu fragen.

Lange grübelte sie noch darüber, aber dann wandte sie sich wieder ihrer Medizin zu. Jetzt in der Zeit von Lughnasadh war die beste Zeit, heilkräftige Kräuter zu ernten, die derzeit in großen Mengen in ihrem Garten wuchsen und blühten. Der Urmutter geweihte Kräuter wurden gesammelt und zu einem Kräuterbusch gebunden. Damit standen das ganze Jahr heilkräftige Kräuter zur Verfügung.

Rata beobachtete sie dabei eine ganze Weile und als es ihm langweilig wurde, verschwand er im Wald. Er liebte es, den Baum hinauf, über die Äste hinüber in den anderen Baum und dort wieder hinunterzurennen. Zwischendurch hielt er inne und lauschte.

Neben ihm fiel etwas mit einem Quietschen zu Boden und versank mit einem Rascheln im Laubwerk. Das erweckte seine Neugierde und er kletterte die Eiche hinunter. Er bemerkte im Laub eine leichte Bewegung, schob das Laub beiseite und ein kleines Etwas blickte ihn an. Es kreischte bei seinem Anblick und riss den Schnabel auf. Erschrocken trat Rata einen Schritt zurück und blickte gen Himmel. Aber es gab keinen Schatten, der ihn warnen konnte. „Was mache ich jetzt? Hole ich Rheanna?" Er erinnerte sich noch gut an sein eigenes Schicksal und wusste, dass sie weiß, was zu tun war. Also trat er den Rückweg an und merkte sich den Baum gut, um ihn wiederzufinden. Obwohl das mit dem Wiederfinden von Plätzen eine besondere Angelegenheit bei Eichhörnchen war. Sie vergruben im Herbst ihre Nüsse wie Schätze an vielen, vielen Stellen im Wald, in kleinen Nischen, zwischen den Wurzeln, in Astlöchern. Aber wie oft fanden sie ihr Nusslager nicht mehr und im nächsten Frühjahr wuchs ein neuer Nussbaum an dieser Stelle.

Schnatternd machte sich Rata bei Rheanna bemerkbar „Rheanna, du musst mitkommen." Aufgeregt, kaum Worte findend, versuchte er zu erklären, was er wollte und was passiert war.

„Rheanna, da ist etwas im Laub, kreischend und schreiend mit einem riesengroßen Maul." Rata versuchte dieses Schnabelaufreißen nachzuahmen. Rheanna lauschte auf, sie setzte erst mal ein sanftes Lächeln auf und dann versuchte sie, mit sanften Worten Rata zu beruhigen.

„Wo hast du es gesehen? Zeige es mir!" Rata stürmte voran, Rheanna konnte kaum Schritt halten. Rata hielt kurz an, schaute sich um, um den richtigen Baum zu finden. Er huschte hin und her und schien nicht zu wissen, wohin er sollte. Dann, plötzlich, stoppte Rata vor einer alten Eiche und fing vorsichtig im Laub zu graben an. Rheanna kam hinzu und half ihm, das Laub beiseite zu räumen. Darunter tauchte ein kleines, graues Federbündel auf. Federn war zu viel gesagt, ein Hauch von Federn, eher ein Flaum war erst zu erkennen. Schwach hob der Vogel seinen Kopf und blickte sie an, als sie ihn vorsichtig in die Hände nahm, kaum eine Handvoll Leben. Sie ließ ihn in ihre Tasche der Tunika versinken, in dem sich einige Leinenfetzen befanden, aus dem sie ein provisorisches Nest formte.

„Danke, Rata. Noch ein Wesen, das unsere Hilfe braucht." Suchend blickte sie den Baum hinauf. Wo waren die Eltern dieses Jungvogels? Kein Nest war zu erkennen. Und der Vogel war zu jung, um ein ausgereifter Nestflüchter zu sein und um von den Elterntieren außerhalb des Nestes versorgt zu werden. Sie nahmen ihn mit und in ihrer Hütte bereitete sie ein warmes Nest vor.

Sie hatte keine Ahnung, was für ein Vogel das sein sollte, dazu war er noch zu klein. Kaum geschlüpft und schon eine Waise. Rheanna wusste instinktiv, was zu tun war. Anhand der Form des Schnabels vermutete sie, dass es ein Raubvogel sein könnte. Also war ihr klar, was und wie sie ihn füttern musste. Und Rheanna wunderte sich, dass es in dieser späten Jahreszeit noch einen so jungen Nachwuchs gab. Längst war der Nachwuchs doch schon flügge und ausgeflogen. Seltsame Zeit, dachte sich Rheanna.

Sie verschob diese Gedanken und begann zu überlegen, mit was sie diesen neuen Findling versorgen konnte. Rata betrachtete die ganze Angelegenheit noch recht sorglos und fand es erst einmal spannend, dass ein neuer Gast in diesem Haus weilte. Auch wenn dieser doch schon seltsam aussah und komisch kreischende Töne von sich gab. Die Tage und Nächte wurden mit ihm unruhig, denn er forderte jede Stunde etwas zu fressen.

Herbst–Tagundnachtgleiche

Die Tage gingen ins Land, und langsam, aber sicher, machte sich der Herbst bemerkbar. Die Menschen pflügten die Äcker, die Böden wurden gesegnet und die Naturwesen begannen, sich verstärkt in den Erdenraum zurückzuziehen und sich auf die dunkle Jahreszeit vorzubereiten.

Überall in der Natur war das Schwinden der Kraft der Sonne zu bemerken und zu sehen. Die kosmischen und irdischen Impulskräfte wurden nun noch einmal tief eingeatmet und im Leib von Mutter Erde gespeichert. Die Regentschaft des Feuergottes Lugh und seiner Korngöttin Annonia neigte sich dem Ende zu. Annonia strebte auf die Zeit als Totengöttin zu, während sich Lugh auf seinen Gang in die Unterwelt vorbereitete, wo er, ruhend, sich für die kommende neue Zeit stärkte. In den nebelfeuchten Herbsttagen wurde die Wachstumskraft in den Schoß der Erde zurückgezogen, es begann der neue Lebensabschnitt der Schwarzen, winterlichen Göttin.

Die Bäume laubten aufgrund der Trockenheit schon früh ab, einige hielten standhaft durch und ließen den Herbst rotgolden aufleuchten. Der neue Gast in Rheannas Haus hatte Hunger, ungeheuren Hunger, und ließ Rheanna Tag und Nacht nicht zur Ruhe kommen. Aber er wurde auch sanfter und die Vertrautheit zu Rheanna und zu Rata wuchs von Tag zu Tag. Rata blieb ständig in einem respektvollen Abstand zu diesem seltsamen Vogel, den er nicht einschätzen konnte.

Und der Vogel wurde groß und größer und fing an, seine Flügel auszubreiten und die ersten Flugversuche zu unternehmen. Das sprengte die Größe des Raumes, in dem sie lebten. So brachte Rheanna ihren Findling in einem Nebenraum unter, von wo aus er auch jederzeit ein- und ausfliegen konnte, wenn es an der Zeit war, seine Flugkünste auszuprobieren. Mittlerweile hatte sich auch sein Federkleid verändert. Der Flaum aus grauschwarzen Federn wandelte sich in ein weißes Federkleid mit wenigen braungrauen Tupfen. Er entpuppte sich als eine der Schneeeulen, die in dieser Region ganz selten vor-

kamen. Und es begann eine zarte Freundschaft zwischen diesen drei ungleichen Wesen.

Ein seltsames Jahr war das. Der Sommer wollte nicht enden und ging nahtlos in den Herbst über, warm und trocken, zu warm für diese Jahreszeit. Die Vögel schienen sich noch einmal auf ein Werben einzulassen, Frühlingspflanzen wie der Löwenzahn und die Kamille fingen noch einmal an zu blühen. Rheanna bemerkte dies mit einem besorgten Blick. Die Naturwesen kamen nicht mehr zur Ruhe, dieses neue und andere Klima brachte sie aus ihrem Rhythmus.

Die Schnitterin vollendete ihr Werk, das Getreide war eingebracht und sie webte ihre Netze über die Felder und in die Büsche, in denen sich in den Nächten Tautropfen ansammelten, die in den Morgenstunden wie Diamanten glitzerten, wenn die ersten Sonnenstrahlen durch sie hindurch leuchteten. Dies war die letzte Zeit des Sammelns und Erntens vor Winterbeginn.

Rata machte es allen im Haus vor. Überall wurden Vorräte angelegt, in jeder Nische fand Rheanna Nüsse, Samen und Getreide. Sie schmunzelte darüber, denn sie wusste aus dem letzten Winter, dass Rata nicht mehr alles wiederfand, was er irgendwo versteckt hatte. Und sie wusste auch von Großvater Eiche, dass viele seiner Hohlräume im Stamm wieder gefüllt wurden.

Die Eule entwickelte sich prächtig und mittlerweile drehte sie ihre ersten kurzen Flugrunden. Nun musste sie nur noch lernen, sich ihr Futter selbst zu besorgen. Das machte Rata große Sorgen, denn eigentlich stand sie ja auf dem Futterplan von Eulen. So berief Rheanna eine Familiensitzung ein. Rata kletterte vorsichtshalber auf Rheannas Schulter, von der er jederzeit flüchten konnte. Rheanna hatte für die Eule eine Sitzstange errichtet, auf der sie die Zeit vor dem Haus verbrachte.

„Schneewind“, so nannte Rheanna die Eule „wie du weißt, leben wir hier wie eine große Familie zusammen. Wir achten und ehren uns, und alle Familienmitglieder in diesem Haus sind hier heilig und unantastbar.“ Rheanna schaute die Eule neugierig an, um zu sehen,

wie sie darauf reagierte. Aber sie drehte nur kurz den Kopf in Ratas Richtung.

„Ich verstehe das", antwortete Schneewind, „und ihr könnt euch sicher sein, dass ich Rata nicht jagen und nicht verspeisen werde." Rata stellte seine Ohren auf und schaute entspannt hinter Rheannas Kopf hervor. Auch Rheanna entspannte sich bei diesen Worten. Der Winter konnte also kommen.

Nebel zogen über das Land. Mit dem nahenden Winter wurden auch die Schicksalskräfte neugewebt, die irdenen Kräfte hatten sich in die Erde zurückgezogen und die kosmischen Kräfte konnten wieder stärker auf die Erde einwirken. Das war der Beginn von neuen Ereignissen, die immer etwas mit Mutter Erde zu tun hatten. Aber diesmal auch mit Rheanna.

Die letzten Blumen zeugten von der herannahenden Zeit der Stille, ihre Farben in Gelb-, Orange- und Rottönen schienen sie aus der Erde, der Kraft der Sonne und des Feuers aus dem Sommer noch einmal hervorzubringen, bevor sie sich selbst in die Erde zurückzogen. Spät kamen in diesem Jahr die ersten Fröste. Und sie kündigten den Winter an, die Nächte wurden merklich kälter.

Samhain

Die Sonne erschien fahl und ohne Kraft durch die nebelig-herbstlichen Schwaden. Die Natur begann, sich auf den Winter vorzubereiten. Die Vegetationskräfte wurden in den Schoß der Erde zurückgezogen, ruhten und bildeten eine neue Kraft für einen nächsten Zyklus im Frühjahr aus. Nun konnten die kosmischen Kräfte auf die Erde einwirken.

Der schwarze Jäger Samhain jagte über Felder und Wiesen auf der Suche nach dem Lichtgott Lugh, er fand ihn, geschwächt und ermattet, und streckte ihn nieder. Nach dieser Tat zog der Schwarze neue Gott Samhain in das Reich der Dunkelheit ein. Dabei entführte er die Vegetationsgöttin Annonia in sein unterirdisches Reich. Dort verwandelte sie sich zur Schwarzen Göttin und sie wurde nun zur Göttin der Toten, hütete die Seelen Verstorbener, die schlafenden Samen und die im Winterschlaf erstarrten Tiere. Und sie nahm die Seelen der sterbenden Tiere zu sich. Als altes Weib klagte sie in den Herbststürmen und rang mit den Winterkräften, um dem Frühling einen neuen Weg zu ebnen. Manches Mal wandelte sie auch als altes Weib in den Wäldern und sammelte neunerlei Holz, da darin die Sonnenkraft des Jahres gespeichert war, die als Wärme durch das Feuer frei wurde.

In dieser Zeit war Rheanna noch immer viel in der Natur unterwegs. Eines Tages traf sie an einer Lichtung auf die Schwarze Göttin. Sie war überrascht, sie wusste zwar von ihr, war ihr jedoch noch nie von so nah begegnet. Die Schwarze Göttin war hochgewachsen und trug ein grau-schwarzes, wallendes Gewand. Darin waren goldene Muster und Symbole eingewebt. Irgendwie kamen sie Rheanna bekannt vor, sie hatten sich vor langer Zeit bei ihrer Initiationsreise in ihren Wachträumen gezeigt. Ihre Haut war faltig und grau, ihr Haar eine Mischung aus schwarz und grau, weiße Strähnen durchzogen diese füllige Mähne.

Als Rheanna die Lichtung betrat, flogen drei Krähen unter Protest auf. Die Schwarze Göttin bewegte sich nicht. Sie schien auch so zu wissen, wer da angekommen war. Sie beugte sich gerade über einen kleinen Leichnam, um ihn der Erde zu übergeben. Ein buschiger, roter Schweif fiel ihr über die Hände und Rheanna erkannte, dass es sich um ein Eichhörnchen handeln musste. Viele Eichhörnchen verlieren in dieser Jahreszeit ihr Leben, gerade die Jungen aus diesem Sommer, die ihre Eltern früh verloren und dadurch nicht gelernt hatten, wie man sich auf den Winter vorbereitet.

Fasziniert beobachtete sie, wie die Schwarze Göttin das Tier der Erde übergab. Sie hatte davon schon gehört, aber sie war noch nie dabei gewesen. Und es schien ihr, als wolle die Göttin, dass sie heute an diesem Ritual teilnahm. Zuerst hob sie den Leichnam gen Himmel und Engel erschienen und huldigten diesem Wesen. Dann drehte sie sich und zeigte den Naturwesen und den Tieren dieses Waldes, die sich mittlerweile eingefunden hatten, den Leichnam und alle verbeugten sich ehrfurchtsvoll. Zu guter Letzt senkte sie den Leichnam gen Erde und legte ihn in eine Mulde. In diesem Moment spürte Rheanna diese unendliche Liebe, die Mutter Erde allen ihren Kindern zuteilwerden ließ. Das war der Moment, in dem sie spürte, dass dieses Wesen wieder in den Kreislauf von Leben und Sterben aufgenommen wurde.

Berührt stand Rheanna noch immer am Rand der Lichtung, als die Schwarze Göttin den Körper dieses Wesens der Erde übergab und mit Erde bedeckte. Selbst dies war ein Ritual, in dem sie dem Wesen ihren Segen mitgab. Rheanna spürte in der Heiligkeit der Handlung, wie die Seele dieses Eichhörnchens sich zufrieden und erfüllt verabschieden konnte. Keine Trauer, kein Wehleid lag in den Augen dieser Seele, es konnte in der Gewissheit gehen, dass die Schwarze Göttin alle auf diesem letzten Weg begleitete.

Einige wenige Augenblicke später konnte Rheanna sehen, wie die Seele dieses Wesens durch die Weiße Göttin im kommenden Frühjahr wiederbelebt wurde, wieder geboren wurde und der Kreislauf des Lebens wieder beginnen konnte. In diesem Moment schien sich die Schwarze Göttin aufzulösen, dabei drehte sie sich zu Rheanna um und lächelte ihr zu, bevor sie vollends zu entschwinden begann. Ergriffen trat Rheanna den Heimweg an und in Gedanken versunken durchschritt sie den Wald. Rata gesellte sich zu ihr, schritt wortlos neben ihr, er schien zu verstehen.

Die Nacht vor Samhain, die Nacht der Ahnen und der Geister, kündigte sich an. Rheanna bereitete sich darauf vor. Die Nebel hoben sich und die Menschen konnten die Eingänge zur Anderswelt finden. Ein Mondfest in der 11. Schwarzmondnacht eines Jahres stand an.

Die Menschen stellten Kerzen und Lichter in ihre Fenster, um ihre Ahnen zu sich einzuladen, aber auch um unerwünschte Geister zu vertreiben. Eine Zeit, in der der Raum zwischen den Menschen und den Naturwesen licht und durchgängig wurde. Und eine Zeit, in der sich die Wiedergeburt der Sonne und der großen Weißen Göttin vorbereitete. Eine Spannung lag bereits in der Luft. Kaum spürbar, kaum beherrschbar, überlagert von winterlichen Ereignissen.

Es war in der Natur veranlagt, diese Spannung aufrecht zu erhalten, um bei dem ersten Anzeichen von Frühling regelrecht ausbrechen zu können. Aber bis dahin vergingen noch einige Wochen, noch einige Monate. Erst stand noch der Winter bevor mit Frost, Eis, Schnee und Kälte. Es war eine Zeit des Rückzugs, der Besinnung, der Regeneration. Alle Wesen dieser Welt nahmen diese Zeit gleichermaßen so wahr.

Einige Tiere hielten Winterschlaf, so wie der Bär, der sich in seine Höhle zurückzog, um dort seinen Nachwuchs in dieser dunklen Zeit auf die Welt zu bringen. Andere – wie die Mäuse – waren rege unter der Blätter- oder Schneedecke unterwegs, die Menschen zogen sich vor die wärmenden Feuer in ihre Häuser zurück, die Naturwesen stellten ihre Arbeit ein und verschwanden unter der Erde in einer Art Ruheraum.

Auch für Rheanna begann jetzt eine ruhige Zeit, die Menschen fanden dann selten zu ihr. Der Weg durch Schnee und Matsch war zu beschwerlich. Nur wenn es wirklich notwendig wurde, kam ein Bote aus dem Menschendorf, um sie zu holen. So hatte sie Zeit, ihre Salben und Heilmittel herzustellen und zu lagern.

Die Schwarze Göttin

Unglaublich, was Rheanna mit der Schwarzen Göttin erlebt hatte. Für mich war dieses Ritual sehr überraschend, aber doch irgendwie bekannt. Kannte ich dieses Ritual aus einer anderen Zeit? Aus einem anderen Leben? Und warum war es mir so vertraut?

Hatte ich doch in meinem Leben schon zweimal bewusst mit dem Tod meiner Lebensgefährten zu tun gehabt. Den Tod und das Gehen der Seele hatte ich aber niemals so erlebt. Berührt und gleichzeitig ergriffen, beschäftigte mich dieses Erlebnis. Und wie war das, als ich die beiden Vögel in meinem Garten begraben hatte? Es war mir wichtig, es mit einem Ritual zu tun, ihnen zu huldigen und sie zu segnen. Ich räucherte die Beerdigung und gab Kräuter ins Grab. Auch ich hob den Leichnam gen Himmel und dann zur Erde. Woher ich das wusste? Ich kann es nicht sagen, ich tat es einfach. Und es erschien mir richtig.

Bei den Menschen ist das nicht so einfach. Da zählen die kirchlichen Gepflogenheiten, die aber oft nichts mehr von der eigentlichen Segenskraft besitzen, meist sind Beerdigungen nur noch wie eine leere Hülle, eine Handlung ohne Wirkung. Sind denn nicht unsere Priester die eigentlich Eingeweihten mit den Fähigkeiten, Mutter Natur zu dienen? Oder sind sie diejenigen, die in den früheren Jahrhunderten die Aufgabe übernahmen, das Göttliche in uns zu eliminieren, um zu erreichen, dass wir Menschen ihnen dienen und damit wir nicht im Einklang mit der Natur leben können?

Die Ausrottung derjenigen im Mittelalter, die sich zur Dreifaltigen Göttin bekannten, hat auf der Seelenebene von Mutter Natur Spuren hinterlassen. Naturwesen wie die Feen und Elfen, zogen sich aus dem Sichtbaren zurück und lebten in einer Welt neben der unsrigen. Nur wenige hatten noch immer Kontakt zu ihnen oder die Fähigkeit, diesen Kontakt erneut aufzubauen. Auch gab es einige Regionen auf dieser Erde, wo die Türen offener waren und noch immer offen sind und man mit den Naturwesen leichter in Kontakt treten konnte. So erging es mir in Irland.

In diesem Leben scheint das auch meine Aufgabe zu sein, den Kontakt zu ihnen wieder herzustellen. Aber, meine Geschichte mit ihnen ist ein Weg der langen Suche, die damit beginnt, dass mich vor mehr als 30 Jahren eine alte Eiche mit den Worten auf den Weg schickte: „Erinnere dich, was du einst versprochen hast."

Ich schien über Jahre hinweg keine Antwort dazu zu finden. Mal gab es Zeiten, da war ich der Antwort näher, mal wieder meilenweit entfernt. Aber diese Aufforderung begleitete mich ständig. Tief in mir wusste ich, dass es wichtig war, die Antwort auf die Aufforderung der Eiche zu finden, sodass ich niemals aufgab, nach der Lösung zu suchen. Es war wie ein Schatten, der mich ständig begleitete, den ich aber nicht benennen konnte. Ein Schatten meiner Vergangenheit oder meiner Zukunft?

In welcher Zeit befinden sich die Zeiten der Naturwesen? Parallel zu unserer Zeit? Vor oder nach unserer Zeit? Wer weiß das schon? Manchmal habe ich den Eindruck, als mischen sich die Zeiten und sind manchmal vor und manchmal nach unserer Zeit. Wenn dann die Kontakte entstehen, Berührungen stattfinden, sind sie parallel zu unserer jetzigen Zeit? Kann ich das vielleicht sogar beeinflussen? Wenn ich A-Iriann bitte, mich bei einem Ritual zu unterstützen, verschiebt sich seine Zeit um die Spanne, die es möglich macht, seine Zeit mit meiner Zeit gleichzusetzen? Dadurch hätte er die Möglichkeit, in meine Zeit einzutreten und in dieser Zeit zu wirken, oder ich in seine? Das ist ein sehr spannendes Phänomen.

Wintersonnenwende

Die Wintersonnenwende stand an, es war die längste Nacht, in der die Sonne sich aufmachte, wieder einen neuen Kreis zu schlagen. Es war die längste Nacht des Jahres und die Schwarze Göttin gebar in der finsteren Erde und in der stillsten aller Stunden das Sonnenkind, er war der neue Jahreskreiskönig, der als Lichtgott die Stationen im Jahreslauf erneut durchwanderte. Er war die Wiedergeburt eines neuen Kreislaufes. Ab sofort wurden die Tage wieder länger und die Erde begann nun, irdische Impulskräfte auszuatmen, um die Natur mit Wachstumsenergie zu füllen.

Unter den schneebedeckten Feldern schöpfte die Natur diese Kraft für den nächsten Zyklus. Die transformative Feuerenergie entschied, was im nächsten Frühjahr wachsen sollte. In der Tiefe der Erde wurde das Leben neu angeregt.

Die Wintersonnenwende wurde früher bei den Menschen in den Dörfern mit einem großen Feuer gefeiert, schon einige Male konnte Rheanna daran teilnehmen. Die Schamanin des Dorfes ging von Haus zu Haus, räucherte alles und segnete Mensch und Vieh. Und es gab ein lustiges und ausgelassenes Treiben um das Feuer herum. Man begrüßte die Sonne, die sich nun wieder erhob und die Tage wieder länger werden ließ. Und nun stand das Lichtfest an, die Geburt des Heilsbringers, der eine neue Zeit ankündigte und mit seiner Geburt und seinem Licht die Erde erhellte. Die Zeit nach seiner Geburt war die Zeit der Raunächte, darin pflegte Rheanna gerne den Kontakt mit und zu den Menschen.

Einige Tage davor kündigte sich jedoch noch ein seltener Gast bei Rheanna an. Es war früh am Morgen, Nebel stand in den Tälern. Aus diesem Nebel tauchte eine Gestalt auf. Hager und großgewachsen, weißhaarig wie der Nebel, mit einem langen, dunkelgrauen Gewand bekleidet. Ein Gast aus der Welt der Menschen, der Rheanna schon einige wenige Male besucht hatte, meist in dieser Zeit. Sie freute sich schon auf ihn und auf seine Erzählungen. Es kam nicht mehr so häufig vor, dass Menschen sie besuchten. Und sie war neugierig auf die Geschichten aus der Menschenwelt. Der Druide schritt mit sanften Schritten auf die Hütte zu, wo Rheanna ihn auf der Terrasse empfing. Rata huschte nervös von einer Schulter zu anderen, um zu sehen, wer da nun kam.

„Rata, beruhige dich. Das ist Merovin, der Druide. Er ist ein Freund. Er hat uns schon öfter besucht.“ Rata hielt inne und musterte den herannahenden Fremden. „Rheanna, meine verehrte Freundin.

Wie geht es dir? Wie ich sehe, hast du wieder ein Findelkind aufgenommen?"

Er verneigte sich vor Rheanna und hielt mit der Linken seinen langen Bart und seine Tunika fest. In der Rechten hatte er einen Stab, wild und verwachsen. Dabei blinzelte er Rata zu, der schon fast einen Sprung auf seine Schultern wagte.

In diesem Moment bemerkte Merovin eine Bewegung aus dem Haus. Schneewind flog durch die geöffnete Tür des Nebenraumes und zischte über den Boden. Der Druide machte einen großen Schritt rückwärts, um dem Vogel eine freie Flugbahn zu ermöglichen, ansonsten wäre dieser in seiner Tunika gestrandet. Erstaunt schaute er Rheanna an. Eine Schneeeule bei ihr? Und so erstaunt wie auch Rheanna den Flug mit ihren Augen begleitete, konnte das nur bedeuten, dass dies der erste freie Flug der Schneeeule war. Mit Bewunderung schauten ihr die beiden nach, wie sie einen Ast anflog und sich majestätisch auf einen der großen Äste in Großvater Eiche niederließ. Dort widmete sie sich erst mal der Gefiederpflege, so als wäre nichts passiert. Merovin schmunzelte.

„Ist das auch ein Pflegekind von dir?", fragte er beiläufig, während er auf der Terrasse neben Rheanna Platz nahm. „Ja, Rata hatte ihn vor einiger Zeit gefunden, er war ein später Nachwuchs und wohl aus dem Nest gefallen." Nachdenklich musterte er Rheanna. „Du weißt ja, die Schneeeule ist die Übermittlerin der Weisheit und des Wissens, eine Botin der Göttin Sophia. Hast du schon eine Botschaft von ihr erhalten?" Erstaunt blickte Rheanna auf. Auch Rata hielt in dem inne, was er gerne und ständig machte, sein Fell zu putzen.

„Nein, ich habe sie bisher nur als ein Findelkind betrachtet, die meine Obhut benötigt, um sich entwickeln und in einiger Zeit wieder in die Freiheit fliegen zu können." Aber sie wusste auch, Merovin hatte mit seiner Bemerkung schon richtig gelegen. Denn auch sie war ja überrascht gewesen von der Ankunft dieses Jungvogels.

Der Abend nahte und man unterhielt sich auch über das Fest des Sommers, bei dem Merovin anwesend war. Er schilderte in allen Farben, wer dabei war und wie die Rote Göttin, so wie jedes Jahr, auftrat und wie Belenos von Lugh mit einem Mistelpfeil niedergestreckt wurde. Rheanna konnte seine Ergriffenheit und Hochachtung vor dieser Roten Göttin wahrnehmen, die jedes Jahr im Herbst sich in die Unterwelt zurückzog, um im Frühjahr wieder neu aufzuerstehen. Sie erzählte ihm von der Begegnung mit der Schwarzen Göttin, als diese das Eichhörnchen beerdigte. Sie schwiegen einen Moment, um diese Erfahrungen tief in sich aufzunehmen und zu ehren.

Und er erzählte über die Menschen, die sich veränderten, die die traditionellen Feste nicht mehr verstanden und damit auch nicht mehr feierten. Und er erzählte auch, wie er es wahrnahm, was den Menschen dadurch verloren ging und die Kluft zwischen deren Welt und der Anderswelt immer größer wurde.

Allerdings spürte er bei einigen auch die Sehnsucht, wieder in die Vollkommenheit, in die Verbindung zu den Naturwesen zu kommen. Sie unterhielten sich lange darüber, allerdings wurde der Abend schnell sehr kühl und sie zogen sich ins Haus zurück. Schneewind blieb in dieser Nacht das erste Mal draußen.

Merovin hatte auch von A-Iriann erfahren, dass man es bedauerte, dass Rheanna an diesen Jahresfesten nicht teilnahm. Allerdings verstand er auch, dass Rheanna ihre Pfleglinge nicht mitbringen oder alleine lassen konnte.

Rheanna erzählte ebenso von der Luchsin Nana und was ihren Jungen passiert war. Merovin war sichtlich erschüttert. Denn er kannte diese Maschinen der Menschen, die dies verursachten. Diese Maschinen fraßen die Bäume regelrecht. Und er wusste, dass sie mächtig waren und nicht aufzuhalten, da sie von den Menschen bedient wurden. Sichtlich verwirrt schüttelte er den Kopf, als wolle er das Bild von den Rodungen von ganzen Wäldern aus seinem Kopf entfernen.

An diesem Abend beschloss Rheanna, noch vor dem Wintereinbruch ins Dorf zu gehen. Aufgeregt kratzte Rata an der Rinde an seinem Kobel im Haus. Er wollte schon immer mal ihr Dorf kennenlernen. „Beruhige dich, Rata. Es dauert noch ein paar Tage, bis wir aufbrechen."

Sie bot Merovin das Gästezimmer zum Übernachten an, das er dankbar annahm. Rheanna kam in dieser Nacht nicht zur Ruhe, viel zu vieles ging ihr durch den Kopf. Sie bemerkte, dass es diese Veränderungen waren, die sie schon seit einiger Zeit spürte. Am nächsten Morgen zog der graue Druide weiter und man wünschte sich ein Wiedersehen im nächsten Jahr.

Schneewind war nun flügge, hatte zu jagen gelernt und verbrachte seine Zeit im Wald. Da Rata nun schon ausgewachsen war und Schneewind auch seinen eigenen Weg zu gehen schien, entschied Rheanna für sich, zur Wintersonnenwende ins Dorf zu reisen. Und, sie kam endlich mal wieder in ihr Heimatdorf und freute sich auf ihre Familie.

Rheanna bereitete sich darauf vor, die lange Reise zu ihrem Dorf anzutreten. Es galt vieles vorzubereiten. Rata verspürte ihre Unruhe und sprang nervös auf und ab. Ab und zu verschwand er für einige Stunden, um mit dicken Backentaschen wieder aufzutauchen und seinen Kobel im Haus mit Winterfutter zu füllen. Dabei erzählte er auch, welche Wesen er unterwegs traf. Auch er erzählte von den metallenen Monstern, die in den Wäldern wüteten und viele ihm bekannte Baumriesen fällten. Er erschauderte bei seiner eigenen Erzählung darüber und Rheanna erging es ähnlich.

„Was ist das? Was machen die Menschen in ihrer Welt? Sind sie denn von den Naturgesetzen mittlerweile so entfernt, dass sie nicht mehr wahrnehmen, was sie da anrichten? Können sie ihre, unsere

Mutter Erde nicht mehr spüren?" Lange grübelte sie darüber nach. Sie beschloss, wenn sie im Dorf angekommen war, darüber mit den Ältesten zu reden.

Der Aufbruch ins Dorf

Aber nun bereitete Rheanna alles für den Marsch zum Dorf vor. Eine Tasche mit Kräutern musste mit dabei sein. Sie wollte zur Wintersonnenwende ankommen, um diese mit der Familie feiern zu können. Sie freute sich schon darauf. Am nächsten Morgen sollte es losgehen. In der Nacht pfiff der Wind noch einmal scharf durch die Wälder, die Bäume knarzten, einige Äste brachen unter lautem Getöse auf den Boden. Auch Großvater Eiche schien einen Ast verloren zu haben, er rauschte haarscharf an Rheannas Behausung nieder. Erschrocken sprang Rata auf und verkroch sich in die Schlafstatt von Rheanna.

Es wurde eine unruhige Nacht und alle spürten, dass sich Mutter Natur wehrte gegen die Unbill und die Unvernunft der Menschen. Am nächsten Morgen packte Rheanna ihre Sachen, verstaute die Kräuter in einem Tuch, das sie sich auf den Rücken band und zeigte

Rata eine Nische in ihrem Umhang, worin er sich sofort einkuschelte. Sie ging noch einmal ums Haus, um zu sehen, was der Sturm in der Nacht angerichtet hatte. Zum Glück wurde ihr Haus verschont und so konnten sie sich auf den Weg machen.

Sie verabschiedeten sich von Großvater Eiche und Schneewind, der noch einmal kurz auftauchte. Der Himmel war nebelverhangen, die Sonne konnte nur schwer durch die Nebeldecke durchdringen. Der Himmel tauchte sich in einen gelblichen Schimmer, Schnee kündigte sich an. Rheanna schulterte ihren wollenen Umhang, sie musste sich beeilen ins Dorf zu kommen, bevor sich das Wetter gänzlich änderte. Schon konnte der späte Herbst alle Winterkraft mit Sturm, Schnee und Frost aufbringen.

Vier Tage sollten sie unterwegs sein. Die Reise der beiden verlief anfangs sehr ruhig, manches Mal gesellte sich jemand hinzu und begleitete Rheanna und Rata für eine kurze Strecke und man erzählte sich dabei von früheren Zeiten oder lief schweigend nebeneinander.

An diesem ersten Tag tauchte am Nachmittag ein junger Luchs, ein Kuder auf, der ein neues Revier suchte, sie ein Stück weit begleitete und dann auf einem Weg in Richtung Süden abbog. Er ging schweigsam mit der kleinen Gruppe mit.

In den Nächten schliefen sie in Höhlen, die auf dem Weg lagen und von denen sie wussten, dass dort keine Bären ihren Winterschlaf hielten. Gegen die Kälte gab es ein kleines Lagerfeuer. Sie spürten und sie wussten, dass sie auf ihrem Weg beobachtet und beschützt wurden. Viele Augen aus der Tierwelt und von Wesen aus der eigenen Naturwesen- und Anderswelt begleiteten sie.

Am zweiten Tag kreuzte auch Leena, eine Luchsin, ihren Weg. Da sie sich noch nicht kannten, war Rata sehr angespannt. Das entging auch Rheanna nicht und sprach dies bei Leena an. „Keine Sorge, Rata ist deine Begleitung und dein Freund. Ich werde ihm nichts antun. Meine Aufgabe ist eine andere“, erwiderte Leena und fuhr fort:

„Ich werde euch zum Dorf begleiten und euch, sofern es sein sollte, beschützen. Ich bin von meinem Clan ausgeschickt worden, euch

zu finden und zu begleiten." Rata entspannte sich sichtlich und fing an, sich zu putzen und sein Fell und vor allem ausgiebigst seinen buschigen Schweif zu pflegen.

„Warum hat dich dein Clan ausgeschickt? Warum sollst du uns finden?", fragte Rheanna, verdutzt über die Worte von Leena. „Das kann ich dir leider nicht sagen, das weiß nur unsere Älteste. Aber zu einem geeigneten Zeitpunkt wirst du das von meinem Clan erfahren." Danach verließ sie die Höhle und kam erst in den frühen Morgenstunden wieder zurück.

Sie sahen nicht viel von ihr auf ihrer Reise. Luchse haben die Eigenschaft, sich unsichtbar zu machen, obwohl sie nur wenige Meter entfernt sind. Am zweiten Tag, gegen Nachmittag, hörten sie plötzlich Wolfsgeheul, nicht allzu weit entfernt. Rata sträubten sich die Haare.

Die Wölfin Ayla

Es war schon spät an diesem zweiten Tag. Rheanna entdeckte gerade ein paar Moose unter einer Buche und bückte sich, um diese zu pflücken. In diesem Moment sprang ein hundsgroßes Tier aus dem Gebüsch. Erschrocken ließ sie alles fallen, was sie gerade in Händen hielt, und machte einen Sprung rückwärts, stolperte und fiel rücklings auf den weichen Waldboden. Der Schatten folgte ihr, beugte sich über sie und leckte ihr Gesicht ab.

Rheanna fing an zu lachen und versuchte, das Tier von sich zu schieben. Dabei erkannte sie einen jungen Wolf vor sich. Schwanzwedelnd und freudig jaulend stand dieser vor ihr und hätte sich wieder auf sie gestürzt, wenn sie nicht die Hand abwehrend erhoben hätte. Noch saß sie auf dem Waldboden und musterte ihr Gegenüber, das sich mittlerweile setzte, sie aber nicht aus den Augen ließ.

Intelligente, treue und jugendliche Augen musterten sie. In diesem Moment musste sie wieder lachen und sie ließ sich auf den Rücken fallen. Der junge Wolf umsprang sie, leckte ihr die Hände und legte sich ganz nah neben ihr auf dem Waldboden nieder, als sei dies schon immer so gewesen und als würde es nie anders sein. Im Schneidersitz setzte sich Rheanna auf und musterte den jungen Wolf. Schlank war er, aber nicht abgemagert. Freundlich, aber nicht aufdringlich.

„Erzähl mir, wer bist du? Wo kommst du her? Was machst du hier?" Eigentlich ist dies hier kein Wolfsland. Lange hatte sie hier schon keinen Wolf mehr gesehen.

„Ich komme aus einem Gebiet, wo die Sonne aufgeht, wo meine Familie herstammt, aus einem Wolfsland." Er zögerte, Rheanna bemerkte, dass es ihm schwerfiel, das zu erzählen. „Aber dort ist kein Platz mehr für mich, für uns. Zweibeiner machen Jagd auf uns und töten mit Fallen und ihren metallenen Rohren meine Artgenossen. Zwei meiner Geschwister hat es auch erwischt. Diese Zweibeiner haben sie einfach mitgenommen. Obwohl wir ihnen doch nichts angetan haben. Es gehört zu unserem Ehrenkodex, die Zweibeiner in Frieden zu lassen, ihnen nichts zu tun." Rheanna musterte ihn aufmerksam. Das hatte sie von einem Wolf noch nie gehört.

„Ich kann bei ihnen die Angst riechen. Und dann werden sie aggressiv und kommen mit ihren metallenen Rohren, die laut knallen. Dann fällt einer von uns um, obwohl wir doch nichts gemacht haben. Ich verstehe das nicht. Und auch unsere Leitwölfin konnte mir das nicht beantworten." Bestürzt blickte sie auf diesen jungen Wolf, der schon so weise klang. Er würde sicher mal ein selbstbewusster Leitwolf werden.

„Wie ist denn dein Name, wie darf ich dich denn nennen? Ich bin Rheanna, die Waldfrau aus dem Volk der großen Feen „Hinter dem Wald".

„Ich weiß, ich habe von dir schon gehört, ich habe dich gesucht", antwortete der Wolf.

„Alpha hat mich zu dir geschickt, um Rat einzuholen. Entschuldige, ich habe mich noch gar nicht vorgestellt: Ich bin Ayla, eine erstgeborene Tochter der Leitwölfin aus dem Rudel des Hochwaldes. Ihr seid euch schon einmal begegnet", erzählte sie mir. „Deshalb hat sie mich auch zu dir geschickt."

Einen Augenblick lang überlegte Rheanna und erinnerte sich an eine Begegnung mit einer jungen Wölfin vor einigen Jahren im Wald. Sie war in eine Wolfsfalle geraten und steckte mit einer Zehe darin fest. Sie war schon kurz davor, sich die eigene Zehe abzubeißen, um sich daraus befreien zu können. Rheanna kam rechtzeitig hinzu und öffnete die metallene Klammer. Jaulend zog die Wölfin ihre Pfote zu sich heran, leckte sie einige Male und humpelte dann davon. Bevor sie in der Ferne entschwand, drehte sie sich noch einmal um und raunte ihr zu: „Danke, das werde ich dir nie vergessen. Wenn du meine Hilfe einmal brauchen wirst, dann rufe nach mir, rufe meinen Namen. Ich bin Alpha.“ Dann verschluckte sie der Nebel des Waldes.

Lange hatte sie nicht mehr an die Wölfin gedacht. Und nun kam dieser Nachwuchs zu ihr. Ja, sie erinnerte sich an dieses Gesicht, wie ein Ebenbild der Mutter. Und sie erkannte in diesen Augen den Stolz und die Ehrhaftigkeit, die dieses Rudel ausmachte. Dieser Ruf reichte weit über seine Grenzen hinaus und erreichte auch die Region, in der Rheanna lebte. Sie hatte von diesem Rudel nur Gutes gehört. Umso mehr freute es sie, dass diese junge Wölfin sie nun aufsuchte.

„Alpha schickt mich, dich zu begleiten. Sie ahnt, dass die Zeit reif ist, ihr Versprechen einzuhalten und ich dich unterstützen kann.“ Rheanna war überrascht über die Worte dieser Wölfin und dankte ihr. Rata war inzwischen mutiger geworden, lugte unter Rheannas

Umhang hervor und schnatterte warnend. Rheanna beruhigte ihn und stellte die beiden einander vor.

Der dritte Tag begann mit leichtem Nieselregen. Grau und trüb, ein nasskalter, typischer Spätherbsttag. Schnee kündigte sich an. Rheanna beschloss, sich zu beeilen. Sie wollte in kein Schneetreiben kommen. Sie packte ihre Utensilien, Rata sprang auf ihre Schultern und sie verließen die Höhle in Richtung des Dorfes. In einiger Entfernung bemerkte sie die Wölfin und sie wusste auch um die Anwesenheit von Leena.

Sie waren noch nicht lange unterwegs, die Sonne stand noch nicht im Zenit, da trafen sie auf einen weiteren Zeitgenossen. Er stand einfach so da, als sie um eine Ecke kamen. Als er sie hörte, drehte er nur kurz den Kopf in die Richtung der Wanderer, um gleich wieder sein Futter, die letzten Beeren an einem Strauch, abzuernten. Rheanna stutzte einen Moment, dann ein lauter Ruf: „Wieso bist du denn hier, Bamme?"

Freudestrahlend lief sie auf den Bären zu. Rata schaute verdutzt und versteckte sich vorsorglich hinter Rheannas Hals. Er war so groß und Rata so klein. Sicherheitshalber rettete sich Rata auf den nächsten Baum, bevor Bamme sich aufrichtete und Rheanna zwischen seine Pratzen nahm, sie hochhob und schüttelte wie ein kleines Kind. Wie ein Kind, das von seinem Vater hochgeworfen wird. Und Rheanna lachte dabei auch so wie dieses kleine Kind. Neugierig lugten Leena und Ayla aus dem Gestrüpp am Wegesrand, bereit einzugreifen, sollte es notwendig werden. In diesem Moment waren sie Verbündete, entgegen ihrer Natur. Aber gegen einen ausgewachsenen Bären hatten sie ohnehin keine Chance. Bamme ließ Rheanna vorsichtig wieder hinunter und setzte sich nieder.

Rheanna rief ihre anderen Begleiter zu sich. Vorsichtig kamen sie näher, um dieses Ungetüm zu betrachten. In respektvollem Abstand bildeten sie einen Halbkreis um dieses seltsame Gespann.

„Ich möchte euch Bamme vorstellen, auch ein Findelkind so wie du, Rata." Er versuchte, sich vorzustellen, wie groß damals dieser Bär

schon war, als er noch „klein" war. „Bamme hat schon früh seine Mutter verloren. Pelzjäger, also Menschen, die es auf den Pelz der Bären abgesehen hatten, haben sie mit diesen metallenen Rohren getötet. Und er wuchs bei uns auf", erzählte Rheanna. So langsam entspannten sich die anderen, setzten sich nieder und lauschten neugierig ihrer Erzählung.

Bamme, der Bär

„Vor vielen Jahren, es nahte sich das Ende des Winters, streifte ich durch den Wald, um die ersten Frühjahrsblumen zu sammeln. Dabei kam ich auch an der Höhle vorbei, von der ich wusste, dass dort eine Bärin ihren Winterschlaf hielt. Ich machte einen großen Bogen herum, um sie nicht zu stören, denn bestimmt hatte sie Junge. Ein gutes Stück vor dem Eingang der Höhle konnte ich vielzählige, menschliche Fußspuren und eine breite Schleifspur entdecken, die an den Spuren einer großen Kiste endeten. Das verhieß nichts Gutes. Was war mit der Bärin und den Bärenjungen passiert? Wurden auch sie mitgenommen? Es gab Menschen, die sie als junge Bären an einen Zirkus verkauften und zu Tanzbären dressierten, dabei wurde ihr ureigener Wille gebrochen.

Vorsichtig erkundete ich die Umgebung und dann näherte ich mich langsam der Höhle. Ich rief in die Höhle hinein und vernahm aus der hintersten Ecke ein leises Wimmern. Und dann kam er, noch etwas vorsichtig und mit ängstlichem Blick nach rechts und links, auf mich zu. Man konnte ihm ansehen, dass er schon einige Zeit keine Milch mehr bekommen hatte, so dürr und eingefallen, wie er war."

Bamme schaute sie liebevoll an und ergänzte ihre Worte. „Meine Schwester ist unserer Mutter nachgelaufen, dadurch konnten die Jäger sie fangen und mitnehmen. Ich hatte große Angst, die Männer waren so laut und stanken heftig. Ich hatte mich in einer Nische ganz hinten in der Höhle versteckt. Dort hat mich nach vielen Tagen Rheanna gefunden."

Er seufzte. „Und Hunger hatte ich, seit Tagen war meine Mama schon weg. Und das grüne Zeug da draußen schmeckte noch nicht.“ Rheanna erzählte weiter. „Er kam mir freiwillig nach und an meiner Hütte angekommen bereitete ich ihm erst mal eine Höhle zum Schlafen und stellte ihm Milch hin. Tapsig wie er war, stand er mit beiden Beinen erst mal in der Schüssel und kippte sie um.“ Alle lachten und Bamme schaute etwas schuldbewusst drein. Er kannte das Trinken aus einer Schüssel nicht, seine Mama hatte Zitzen, aus der die Milch floss. „Aber vor lauter Hunger schleckte er die Milch vom Boden auf“, erzählte Rheanna weiter. „Also besorgte ich eine Flasche mit Schnuller, so wie ihn die Menschen haben, und fütterte ihn alle zwei Stunden.“

„Bei jedem Geräusch von außen verkroch er sich in seine Höhle und ließ sich nicht mehr blicken. Und weil er so schreckhaft und ängstlich war, nannte ich ihn Bammel. Später, als er selbstbewusster wurde,

nannte ich ihn nur noch Bamme.“ Und um dies zu demonstrieren, richtete sich Bamme in seiner vollen Größe auf und brüllte einmal laut, sodass es jeder in der Umgebung hören konnte.

Die Gnome

Nach kurzer Zeit, man wollte gerade wieder aufbrechen, ließ ein Rascheln aus dem Wald alle aufhorchen. Durch das Gebüsch stampfte ein Wesen mit rundem Kopf, einer Knopfnase, lustig leuchtenden Augen, vielen Haaren rundherum, sodass nicht erkennbar war, was ist der Kopf und was der Bart. Ein zweites Wesen kam direkt ihm hinterher. Beide hatten leuchtend rote Haare, die des einen waren etwas heller, ansonsten waren sie wie Zwillinge, gleiche Statur, gleiche Kleidung, gleiche Größe, gleiche Frisur. Und sie grinsten beide bis zu den Ohren, wo man sie vermuten konnte, da sie durch etwas Mützenähnliches verdeckt waren.

„Wie viele Überraschungen gibt es denn heute noch?“, dachte sich Rata und sprang entnervt auf Rheannas Schultern. Mit ihren scheinbar viel zu kurzen Beinen kamen diese beiden Gnome erstaunlich schnell, fast schwebend, auf die Gruppe zu und wandten sich Bamme zu.

„Wir grüßen dich, du Bär dieses Waldes, du Repräsentant von Mutter Natur. Wir freuen uns, dich hier zu sehen“, sprachen sie beide wie gleichzeitig und salbungsvoll.

Dann drehten sie sich zur Gruppe um und verneigten sich. Alles, was sie taten, war synchron. Bei der Verneigung schienen sie mit ihrer Nase den Boden zu berühren, und jeweils der eine mit der linken und der andere mit der rechten Hand hielt sich seinen eigenen, fast bodenlangen Bart, fest. In dem Moment, als ihre Nasen den Boden berührten, sprossen grüne Halme und Blüten aus dem Boden hervor. Rata betrachtete dies mit größtem Erstaunen. Solche Wesen hatte er noch nie gesehen.

„Wir dürfen uns vorstellen?“ Und ohne eine Antwort abzuwarten, sprachen sie weiter. „Ich bin Gnofel“, sagte der eine. „Und ich bin Kofel“, antwortete der andere. Und dann beide gleichzeitig. „Wir sind die Wanderer zwischen den Welten.“

Der Bär schien belustigt, er kannte die beiden wohl schon. „Gnofel und Kofel, schön euch zu sehen, lange ist es her, als wir uns das letzte Mal trafen.“

„Darf ich euch diese Truppe vorstellen?“, fragte der Bär.

„Ach, wir wissen schon …“, begann Gnofel, Kofel führte den Satz zu Ende:

„… Rheanna, die Waldfrau und Rata das vorwitzige Eichhörnchen.“ Dabei lachten sie beide Rata mit einem großen Grinsen an.

Und beide gleichzeitig: „Und dort drüben im Gebüsch sind Leena, die Luchsin und Ayla, die Wölfin. Ihr seid ein nettes Gespann. Kommt heraus, wir tun euch nichts“, glucksten sie. Vorsichtig kamen Leena und Ayla durch das Gebüsch, um die beiden näher zu betrachten.

Rheanna ergriff das Wort: „Auch wir grüßen euch.“

„Was machen denn die Wanderer zwischen den Welten? Ich habe von euch schon gehört, aber man konnte mir das nie erklären“, fragte sie neugierig.

In diesem Moment setzten sich die beiden zwergförmigen, gnomhaften Wesen gleichzeitig nieder und fingen an zu erzählen. „Wir sind Gnome und kommen aus dem Zwergenreich. Wir haben die Aufgabe, Botschaften von Völkern zu Völkern …“, sagte der eine,

„… ja von Völkern zu Völkern zu bringen …“, endete der Andere. Sie sahen den ratlosen Ausdruck in den Gesichtern der Zuhörer, schauten sich grinsend an und erzählten weiter:

„Also … wir suchen zum Beispiel einen Menschen auf …“, begann Gnofel nachdenklich.

„Ja …“, Kofel holte tief Luft und wiederholte die Worte von Gnofel:

„… wir suchen Menschen auf …“,

„und bringen ihm oder ihr eine Botschaft aus der Welt der Feen, der Zwerge, der Engel oder der Tiere …“, führte Gnofel seine Ausführung fort,

„ja … eine Botschaft aus unserer Welt …“, bestätigte Kofel.

Sie machten eine Pause in ihrer Erzählung und erst als sich beide umständlich ein Tuch aus der Innentasche ihrer Jacke gekramt und ihre Nase unter lautem Getöse geschnäuzt hatten, setzten sie fort:

„Immer dann, wenn diese eine Seite noch nicht verstehen kann …“, erklärte Gnofel, während dann Kofel den Satz vollendete, „… oder ihm oder ihr die Botschaft bei einer Entscheidung weiterhelfen kann.“

Der Ausdruck in den Gesichtern der Gruppe wurde noch erstaunter.

„Dies hilft den Menschen, den Kontakt zu uns aufrecht zu halten …“, Kofel führte den Satz von Gnofel fort. „… oder ihn auch wieder zu erneuern oder herzustellen.“

Gnofel dachte kurz nach und sprach „So bleibt die Verbindung bestehen, auch wenn es die Menschen nicht wahrnehmen.“

Sie holten gemeinsam tief Luft und fuhren fort: „Die anderen Menschen, die uns noch oder schon wahrnehmen, brauchen uns nicht.“

„Aber …“, nach einer kurzen Pause begann Gnofel, „… es werden immer weniger Menschen, die …“,

„… ja, die, … die Verbindung zu uns haben.“ Kofel schnäuzte weinerlich in seinen Ärmel.

Und Knofel wandte sich Rheanna zu und fragte: „Rheanna, du wirst dies kennen und wissen?“ Rheanna nickte nachdenklich. Das war ihr so nicht bewusst. Sie hatte noch Kontakt mit einigen Menschen, aber es wurden immer weniger, die die anderen Wesen aus dem Naturwesenreich wahrnehmen konnten. Meist waren es besondere Hellsichtige, Heilerinnen und Schamanen.

Über diese Menschen konnten Botschaften zu den anderen Menschen gebracht werden. Aber sie hörte auch immer öfters, dass das Wissen der Heiler und Schamanen nicht mehr angewandt, sogar vergessen wurde. Und nun trafen sie auf diese Wanderer zwischen

den Welten, die ihr das bestätigten, was sie vermutete. War ihr Reich dabei, sich aufzulösen, weil die Menschen den Glauben daran verloren haben? Und alles taten und nicht bemerkten, wie sie Mutter Natur damit Schaden zufügten? Erschreckt schüttelte sie den Kopf, so als wolle sie diesen Gedanken wegschütteln.

Gemeinsam ging man den Weg weiter. Währenddessen erzählten die beiden Gnome Geschichten aus ihrem Leben und alle schüttelten sich darüber vor Lachen. Rheanna ließ sich davon anstecken. Durch die Begleitung und die Geschichten der beiden Gnomen war die Reise so kurzweilig, sodass sie beinahe nicht bemerkten, wie sich der Abend ankündigte. Also beschloss man, vor Ort zu bleiben und ein Feuer anzuzünden. Schnell war der Tag vergangen und teils belustigt, teils nachdenklich begab man sich zur Ruhe, um die Reise erst am nächsten Tag fortzusetzen.

Am nächsten Morgen waren Gnofel und Kofel bereits fort und das seltsame Gespann setzte nachdenklich seinen Weg in Richtung des Feendorfes „Hinter dem Wald" fort.

Ankunft im Dorf

Am Ende des vierten Tages sahen sie in der Ferne das Dorf, der aufkommende Abendnebel ließ die Lichter diffus erscheinen, über dem Dorf erstrahlte eine orangefarbene Kuppel. Erst als sie näherkamen, erkannten sie die ersten Gestalten, sich schattenhaft zwischen den

Lichtern bewegend. Die Gruppe spürte, dass sie sich beeilen musste, um das schützende Dorf noch vor der Dunkelheit zu erreichen.

Sie erreichten den Steg zum Dorf, das Tor schloss sich hinter ihnen und eine Gruppe von Feen erwartete sie schon. Groß und von schlanker Statur, schon fast luzide, durchscheinend, mit langen gold-silbrigen Haaren und mit edlen Gewändern bekleidet, die sie zart einhüllten. In einigen Gewändern waren Federn eingearbeitet, die sich im Wind sanft bewegten. Rata staunte nicht schlecht, hatte doch Rheanna, außer ihrer Größe mit ihnen nicht viel gemeinsam. Rheanna trug einfache Gewänder, meist aus den Naturmaterialien wie Hanf und Wolle gewebt, ihr Haar war gepflegt, genauso silberfarben wie die ihres Volkes, zu einem langen Zopf geflochten und mit Cerealien der Jahreszeit verziert, wogegen die Gewänder der Dorfbewohner aus einem Feenstaub zu sein schienen. Weich und fließend, wie Seide. Und genauso luzide wie sie selbst.

Sie wurden alle eingeladen, in die große Halle zu kommen, dort wo alle Gäste begrüßt wurden. Die Dorfbewohner kamen, um zu sehen, wer angekommen war. Manche waren den Tieren gegenüber etwas zurückhaltend, manche begrüßten sie jedoch, indem sie sich vor ihnen verneigten. Die drei großen Begleiter – Bamme, der Bär, Ayla, die Wölfin und Leena, die Luchsin – verneigten sich ebenso, in dem sie sich ehrfurchtsvoll auf die Knie begaben. So huldigten sie ihren Freunden, dem großen Feenvolk.

In der Halle angekommen, wartete ein großes Festmahl auf sie. Jeder fand seinen Platz an der Tafel und lebhafte Gespräche begannen. Alle wollten wissen, wie es den Wanderern ergangen war, und man hatte selbst auch viel zu erzählen. Aber man hütete sich davor zu erzählen oder zu fragen, was es mit den Veränderungen auf sich hatte. Man wollte sich mit den Ältesten darüber austauschen.

Und Rheanna spürte auch etwas Zurückhaltendes der Gastgeber. Da Rheanna ein seltener Gast war, ahnte man, dass sie nur kam, wenn etwas Wichtiges anstand. Sie wollte sich in den nächsten Tagen mit den Ältesten treffen. Doch nun wollte sie erst einmal den

Abend genießen. Viele Freunde und Verwandte umringten sie und wollten von ihr wissen, wie es ihr in den letzten Jahren ergangen war. Rheanna begann zu erzählen und der Abend wurde lang und spät.

Rheanna war mit ihren Begleitern nun schon einige Zeit im Dorf. Die Kinder waren begeistert über die Anwesenheit der Tiere, die sich ihrerseits von ihrer besten Seite zeigten. Es schmeichelte ihnen, dass sie von sich erzählen durften, von ihrem Leben, von ihrer Heimat und von ihrer Familie.

Der Bär war der Erste, der sich auf dem Dorfplatz niederließ und von den Kindern umringt wurde. Bamme fühlte sich sehr geschmeichelt und erzählte und erzählte, wie und wo er lebte und was er den ganzen Tag so machte. Er erzählte, wie er Mutter Erde nahestehen und wie er durch die Liebe von Mutter Erde versorgt werden würde. Bamme konnte nicht viel von Familie erzählen – er war ja eher ein Einzelgänger und ohne seine Mutter aufgewachsen – dafür mehr von seinen vielen Erlebnissen. Insbesondere, wie er bei Rheanna aufgewachsen war und seine Jugend und die Jugendstreiche dort erlebte. Auch für Rheanna war einiges neu, was er so erzählte. Denn vieles davon fand ja im Wald statt und sie hatte das nicht miterlebt. Sie musste öfters darüber lächeln. Denn trotz alledem hatte er sich zu einem prächtigen Burschen mit viel Ehrgefühl entwickelt.

Allerdings wurde er in den nächsten Tagen immer mürrischer, denn es war die Zeit, in der er sich in den Winterschlaf begab und er hatte bisher noch keine Höhle gefunden. Leena und Ayla zogen sich tagsüber zurück, sie waren eher in den Abendstunden aktiv. Und so waren sie die Gesprächspartner für die größeren Kinder und die Jugendlichen, die zu diesem Zeitpunkt noch nicht zu ihren Familien zurückgingen, um zur Nachtruhe zu kommen.

Luchs und Wolf waren ohnehin nicht für die kleinen Kinder zu haben, sie brauchten die Jungen und die Jugendlichen, die mit ihnen und mit denen sie auch umgehen konnten. Mit ihnen konnten sie reden und erzählen und sich austauschen. Die Jugendlichen waren fasziniert von den Geschichten aus dem Wald und der Steppe.

Danach verließen Luchs und Wolf das Dorf und kamen erst bei Morgengrauen wieder zurück. In der Zwischenzeit kam auch Bamme nicht mehr, er hatte einen Platz für seinen Winterschlaf gefunden.

Raunächte

Das Fest der Wintersonnenwende wurde mit dem Entzünden eines großen Feuers auf dem Dorfplatz begonnen. Die Schamanin ging mit Rauchwerk aus Beifuß, Wacholder, Mariengras und Tannenharz von Hütte zu Hütte und räucherte und segnete sie. Zwölf Nächte dauerte diese heilige Zeit nach dem Fest der Wintersonnwende, die zwölf Raunächte. Nächte, in denen der Zugang zu der Anderswelt offener war auf beiden Seiten. Maskierte Hirschtänzer traten unter dem Jubel der Feiernden auf den Dorfplatz. Sie trommelten und stampften auf den Boden, um die Erdgöttin und den Hirschgott Cernunos, der in der Tiefe der Erde das Leben neu anregte, zu erwecken.

Dieses Fest hatte eine besondere Bewandtnis für alle aus dem Reich der Naturwesen. Es war die Wiederauferstehung des Lichtes in der längsten Nacht des Jahres. Das Zeugnis des Lebens und der Wiedergeburt der großen Göttin. Und es war jedes Mal ein aufregendes Erlebnis für sie gewesen. Früher hatten auch die Menschen dieses Fest gefeiert, aber heute schon lange nicht mehr. Sie kannten nur noch das Geburtsfest von Jesus Christus, das in dieser Zeit gefeiert wurde. Aber auch der Hintergrund dieses Festes ging den Menschen mittlerweile verloren. Die Wenigsten kennen noch die ursprüngliche Kraft, die diese Tage begleiteten. Rheanna bemerkte die natürliche Kälte des Winters, die sich über das Land legte und diese bedeckte. Und sie bemerkte auch noch eine andere, eine „unnatürliche" Kälte, die nicht dem Winter geschuldet war und dies stimmte sie sehr traurig.

Der Winter schneite herein. Der Schnee deckte im Dorf leise alles unter einer wenige Zentimeter hohen Schneedecke zu, nur die Spuren der Tiere waren zu sehen. Das Leben fand nun mehr in den Häusern und Hütten statt.

Es hatte sich herumgesprochen, dass Rheanna eine heilkundliche Waldfrau war. Man kam in das Dorf und bat sie um Kräuter zur Heilung. Es war für sie eine willkommene Abwechslung in der Zeit des Wartens. Sie wunderte sich darüber, dass hierher keine Menschen kamen, sondern nur die Tiere. Im Dorf erklärte man ihr, das sei so schon seit vielen Jahren, die Menschen kämen nicht mehr.

Früher war das anders, man hatte regen Kontakt mit den Menschen aus der Umgebung. Es gab sogar Zeiten, da haben Menschen und Feen sich vermählt. Manche beschlossen, bei den Menschen zu leben, manche blieben bei den Feen. Und es gab immer Kinder aus diesen Ehen, die beide Welten schätzten und immer mit der anderen Welt in Kontakt blieben. Dies war schon seit Langem nicht mehr so und man bedauerte dies sehr. Aber man konnte auch nichts verändern, da die Feen ohne Hilfe des Menschen nicht in deren Welt eintreten konnten.

Rheanna wurde immer unruhiger, sie spürte die Veränderungen schon sehr stark. Und sie fand noch immer keine Worte dafür. Endlich, am nächsten Tag, konnte Rheanna sich mit den Ältesten treffen. Sie erzählte ihnen von den Botschaften der Bäume. Wie diese Bäume in Unmengen gefällt, ganze Wälder gerodet wurden bis nur noch kahle, tote Erde übrigblieb und die Elementarwesen wie Elfen und Zwerge ihre Heimat verloren und sich auflösten. Sie stellte auch fest, dass sich einige Wesen in die Untere Welt retteten, da sie keine Bleibe mehr finden konnten. Auch die heiligen Haine wurden nicht verschont, da man ihre Wesenheit und ihre Heiligkeit nicht mehr kannte. Wie die Wässer verschmutzt wurden und die Nymphen und Wassermänner dahindarbten und die Tiere des Wassers starben. Wie die Luft mit Rauch und Abgasen verunreinigt wurde und die Sylphen und die Vögel nicht darin überleben konnten. Wie das Wetter mit Regen und Sturm sich veränderte. Und wie die Riesen und Drachen aus den Landschaften und Bergen vertrieben wurden, *weil der Mensch immer übergriffiger wurde und ihre Landschaften radikal veränderte. Und der Mensch bemerkte das nicht und machte weiter. Er verlor immer mehr seinen Zugang zur Anderswelt. Nicht mehr viele Menschen wussten den Weg zu den Feen. Auch Rheanna fiel das auf, denn es kamen immer weniger Menschen zu ihr, die Heilung oder einen Rat suchten.*

Im Dorf

Die Ältesten zeigten sich sehr besorgt und beratschlagten lange, was zu tun sei. Während einige meinten, es sei nicht die Aufgabe der Feen, das Verhalten der Menschen zu beanstanden, war man sich aber bewusst, dass auch ihre Welt sich auflöste, wenn man nichts unternahm.

Es gab aber auch einige unter ihnen, die es als eine Aufgabe empfanden, die getan werden musste. Es gab noch eine Möglichkeit, aber dazu musste eine oder einer von ihnen in die Welt der Menschen gehen. Und das hatten die Feen seit Äonenzeiten nicht mehr gewagt, weil es einige Risiken barg. Die, die damals gingen, sind noch nicht wieder zurückgekehrt.

Die Feen hatten die Fähigkeit, schöpferisch und heilend zu wirken und innerhalb der ätherischen Ebene auf die materielle Ebene der Erde einzuwirken, falls die physischen Bedingungen für den Planeten außer Kontrolle geraten sollten. Damit konnten sie das Zusammenbrechen von natürlichen Lebenssystemen und unheilvolle Bedingungen verhindern. War es schon so weit? Oder sollten sie noch immer an die Vernunft und das Aufwachen der Menschen glauben, dass sie rechtzeitig ihre Taten und deren Folgen erkannten. Die Ältesten wollten diesen Schritt noch nicht gehen. Denn damit gaben sie ihre Unsichtbarkeit auf und dazu waren sie noch nicht bereit. Es gab noch immer Hoffnung, auf einem anderen Weg die Menschen zu erreichen.

Der lichte, kurze Tag neigte sich dem Ende zu und die Dämmerung brach herein. Die Ältesten hatten noch keine Entscheidung getroffen, zu groß war das Wagnis beider Entscheidungen. Und wer sollte es durchführen? Wer war dazu geeignet, eine solch große Aufgabe zu übernehmen? Auch Rheanna gingen viele Fragen durch den Kopf.

Es war in diesem dämmrigen Moment des Tages, in dem Luchs und Wolf aus ihrem Ruheschlaf kamen und sich zu Rheanna auf den großen Platz im Dorf gesellten. Sie legten sich rechts und links zu ihr nieder und beobachteten sie besorgt. Kinder kamen hinzu und neugierig musterten sie die beiden Tiere. Sie waren nicht so gesprächig wie der Bär, antworteten aber gerne auf die Fragen der Kinder. So verging der Abend und es gab noch immer keine Entscheidung.

Als der nächste Morgen anbrach, zeigte sich der Himmel düster. Es schien regnen zu wollen. Der gefallene Schnee war aufgrund eines warmen Windes binnen eines Tages wieder verschwunden. Das Tal, in dem sich das Dorf befand, bestand aus Wäldern, Wiesen und einem Gebirgsbach. Das Dorf befand sich auf einem der seitlichen Hänge und man konnte über das ganze Tal blicken. Die Natur konnte den Regen vertragen. Rheanna war schon früh auf und schlenderte durch die Wälder. Sie sah, wie sich die Bäume untereinander verständigten, es waren Energiestrahlen, die von den Blättern weg zu den anderen Bäumen strömten. Und wenn sie genau lauschte, konnte sie die Worte verstehen.

Wenn die Bäume mit ihr sprachen, war das anders. Es war telepathisch, sie konnte sich mit dem Baum unterhalten, fragen und ihnen antworten. Aber als Wesen des Waldes, als Waldfrau, verstand sie auch die Sprache der Bäume untereinander. Genauso wie sie auch die Sprache des Windes und des Wassers verstehen konnte. Sie lauschte und hörte den Gesang des Wassers und das Rufen der Lüfte, die von anderen Zeiten erzählten. Dies stimmte sie traurig, denn diese Zeit würde nicht mehr sein, so vermutete sie.

Da der Ältestenrat erst wieder in ein paar Tagen zusammentreffen würde, wollte Rheanna die Zeit nutzen, um sich mit ihren Begleitern darüber zu unterhalten.

Rata hatte sie in den Wald begleitet. Rheanna kannte die Kraft und die Fähigkeiten ihres Findelkindes. Er war wie ein Spurenleser der Seele, kannte die Wege, innere Kräfte zu sammeln, zu speichern und zu hüten. Und Rheanna vertraute sich ihm an. Sie sprachen lange miteinander, während sie gemeinsam durch den Wald streiften. Viele ihrer gedachten und gesprochenen Worte wurden von den Bäumen gehört und vom Wind weitergetragen. Nach einiger Zeit machte sich in Rheanna langsam ein untrügliches Wissen für den richtigen Weg und die notwendige Handlung bemerkbar.

An den Stromschnellen des Gebirgsbaches angekommen gesellten sich die Luchsin Leena und die Wölfin Ayla zu der kleinen Gruppe. Die beiden hatten sich mittlerweile angefreundet und jagten und fraßen miteinander. Ihnen war die Botschaft von den Bäumen schon zugetragen worden und sie schlugen vor, sich ein lauschiges Plätzchen zum Rasten zu suchen. In einer Waldlichtung nahe dem Bach fanden die vier einen geeigneten Ort. Auf diesem Platz, in der Mitte der Lichtung ruhend, hingen sie diesen neuen Gedanken nach und sie sprachen vorsichtig darüber. Leise tuschelten die Bäume, Rata beschäftigte sich mit einer Nuss, die er auf dem Waldboden fand und Leena leckte sich die Pfoten. Ihre Ohrpinsel bewegten sich im sanften Windhauch, Ayla dämmerte vor sich hin.

„Wie kann ich den Menschen den richtigen Weg zeigen? Ihnen zeigen, wie sie mit Mutter Natur umgehen können, ohne dass Katastrophen wie Dürre oder sintflutartige Regenfälle über sie hereinstürzen? Und ohne, dass die Naturwesen darunter leiden oder sterben müssen?“, stellte sie sich die Frage. „Bin ich diejenige, die auserwählt ist, zu den Menschen zu gehen? Was kann ich ihnen sagen? Würden sie auf mich hören?“ Leena und Ayla schauten sie an und fanden keine Antwort auf ihre Fragen.

Eine Buche am Rande der Lichtung bot sich Rheanna an, an ihr hinaufzuklettern. In ihren starken Ästen konnte sie fast bis zum Wipfel klettern. Es bot sich ihr vom Fuße des großen Tals ein fantastischer Ausblick auf das Feental „Hinter dem Wald". Sie musterte die Schönheit dieser Natur, die ihre Mutter Erde, Gaia, erschaffen hatte. Sie saugte sie wahrlich auf, da sie untrüglich spürte, dass dies bald nicht mehr so war. Wieder überfiel sie eine große Traurigkeit.

Bei beginnender Dämmerung kehrten sie ins Dorf zurück, sie dankte allen für die Begleitung und das Zuhören und zog sich in ihre Hütte zurück. Tausend Gedanken schwirrten ihr durch den Kopf. Wenn sie das durchführen sollte, was sie vorhatte zu tun, gab es eventuell keine Wiederkehr mehr. Aber es diente auch einem guten Zweck, Mutter Erde und ihre Wesen zu retten. Was bedeutete dann ihr Leben?

Sie hoffte jedoch, dass ihre Freunde sie begleiten konnten, denn auf ihr Urteil legte sie viel Wert. Wie war das Leben bei den

Menschen? Was erwartete sie dort? Konnte sie ihren Auftrag ausführen? Waren die anderen Menschen auch so liebevoll wie die, die sie schon immer besuchten? Hatte sie dann noch immer Kontakt mit ihren Baumfreunden? Konnte sie dann noch immer verstehen, was sie erzählten? Und hatte sie Kontakt zu der Anderswelt? Konnte sie noch immer mit ihrer Feenfamilie Kontakt aufnehmen und mit ihnen reden? Alle diese Fragen beunruhigten sie und die Nacht verlief sehr unruhig. Rata blieb bei ihr in der Hütte.

Mit wirren, dunklen Träumen erwachte sie am nächsten Morgen. Ihr Weg führte sie zuallererst zum Wasserfall nahe bei ihrem Dorf. Sie wollte sich die wirren Gedanken abwaschen, um einen klaren Kopf zu erhalten. Leena gesellte sich zu ihr, wich nicht von ihrer Seite, sie spürte ihre Verwirrtheit. Rata begleitete die beiden, auf den Schultern des Luchses sitzend. Er schnatterte auf dem ganzen langen Weg und seine kecke, freche und zugleich liebenswürdige Art erheiterte die Gruppe.

Am Wasserfall angekommen wartete Leena am Fluss und Rheanna stellte sich nach kurzem Zögern unter den Wasserfall. Er war nur noch ein dünnes Rinnsal, der heiße und trockene Sommer der letzten beiden Jahre hatte verursacht, dass es in den Bächen kaum mehr Wasser gab. Das klare, kühle Nass strömte nur tröpfelnd in ihre Hände. Sie streifte es sich über den Kopf, jedoch die dunklen Wolken wichen nicht.

In den verbliebenen Pfützen des Wasserfalls tummelten sich Undinen. Mit ihrer feurigen Natur belebten sie normalerweise übermütig die Wellen und brachten Vitalität ins Wasser. Doch diesmal bewegten sie sich kaum, es gab ja kaum Wasser in diesem Becken.

Rheanna schüttelte sich die wenigen Wassertropfen aus den Haaren und nahm auf dem Waldboden Platz. Sie unterhielten sich lange über diese neue Zeit und was sie bedeuten könnte. Aber keiner konnte diese Fragen gänzlich beantworten. Rheanna spürte instinktiv, es war der Rhythmus des Jahres, mit dem auch sie und alle Wesen auf Gaia lebten. Aber diesmal war es anders und vor allem spürte sie es mehr denn je. Sie saugte es auf, als könnte es das letzte Mal sein, dass sie diesen Naturraum hier mit all seiner Schönheit und Wildheit, mit seinen Lebewesen und den Bäumen und die damit verbundenen Gemeinschaften im Naturwesenreich je wieder so erlebte. Was bedeutete das?

So ging es Tage weiter und Rheanna sehnte sich nach ihrem stillen und ruhigen Zuhause zurück, nach Großvater Eiche und ihrer bekannten Umgebung. Der Rat der Ältesten tagte fast täglich, aber es gab keine Entscheidung. Die Luchsin Leena wich abends nicht von ihrer Seite, sie lauschte mit tief geneigtem Kopf der Erde, versuchte ihr das Geheimnis der Zukunft abzuringen. Aber ohne Erfolg. Es war noch nicht an der Zeit, etwas zu erfahren. So verbrachten sie alle die Tage und Nächte mit Ungeduld.

Lichtmess

Die kommende Zeit war bekannt als die Zeit des Aufbruchs, der Reinigung und der Erneuerung. Die Zeit des Schwarzen Gottes und seiner Totengöttin fand nun ein allmähliches Ende. Die Schwarze Göttin vollzog eine Metamorphose, sie verwandelte sich und kehrte verjüngt und rein als Weiße Göttin Brigid aus den Tiefen der Erde zurück. Auf einem Sonnenhirsch reitend weckte sie die Samen auf und rüttelte an den Bäumen, damit ihr Saft zu fließen anfing. Frühjahrsstürme vertrieben die letzten trockenen Blätter an den Bäumen.

Das geistige Licht aus dem letzten Herbst kehrte zurück und mit diesem Licht wurde nun die Grünkraft stimuliert. Mit Hilfe der Naturwesen, den Feen, Devas und den Engeln wurde das Licht erneut in der Erde verankert, die Wärme konnte wieder in die Erde einziehen, um die Naturkräfte sanft zu wecken. Der Schwarze Gott verließ als Bär seine Höhle, er war jetzt der wiedergeborene und noch verhüllte und jugendliche Sonnengott Belenos.

Die Naturgeister, sowie die Baumgeister und die Elfen begannen nun, nach dem Winter wieder die Pflanzen und Bäume zu aktivieren und sie, nach dem Aufwecken durch die Weiße Göttin, in ihrem Wachstum zu begleiten, sie gestalteten damit die Prozesse in der Natur. Die Wasserwesen, allen voran die Nixen, machten sich nun daran, die Quellen und Weiher, Flüsse und Seen zu stimulieren und zu beleben und diese Vitalkräfte für die Landschaft zur Verfügung zu stellen. Durch die Frühjahrsstürme überwachten die Luftwesen, die Sylphen und die Sturmgeister die Zyklen der Natur und brachten sie somit in Bewegung. Während die Feuerwesen, so also auch der Salamander, das ganze Jahr über die Wandlungsprozesse leiteten und die Seelen der Erdgöttin wieder zuführten, woraus neues Leben wieder gebären konnte.

Auch Bamme kehrte aus seinem Winterschlaf zurück. Hatte ihn doch der viel zu warme Februar geweckt. Außerdem befanden sich andere Tiere bereits in Aufbruchstimmung. Schien dieser Monat mit seinen hohen Temperaturen sich wie das Frühjahr anzufühlen? Und der Regen blieb aus. Die Feen waren irritiert. Schon so früh im Jahr sollten sie das Licht in der Erde verankern und die Pflanzen zum Wachstum anregen? Was passierte, wenn dann doch noch der Frost über Land zog?

Der Rehbock

In der Zwischenzeit streiften Rheanna und Rata immer wieder durch die Wälder und kamen eines Tages an eine dieser grauschwarzen, breiten Bänder, die sich durch das Land zogen. Auf ihnen war kein Leben möglich. Und auf ihnen bewegten sich in schneller Geschwindigkeit stählerne Wesen, die die Menschen Fahrzeuge nannten. Sie saßen darin und bewegten sich mit einer extremen Schnelligkeit von einem Ort zum anderen.

Meist sahen sie dabei nicht einmal mehr etwas von der Umgebung oder von den Wesen oder Tieren am Rand dieser Asphaltbänder. Und häufig kam es vor, dass Tiere mit diesen stählernen Wesen zu-

sammenprallten oder überfahren wurden. Vielfach hatten sie dann keine oder geringe Überlebenschancen.

Plötzlich hörten die beiden ein Rufen. Rata stellte seine Ohren auf, um herauszufinden, woher das Geräusch kam, sprang von Rheannas Schultern und verschwand im Unterholz. Rheanna versuchte, ihm nachzukommen und urplötzlich standen sie vor ihm. Vor einem jungen Rehbock, dieser hatte sich augenscheinlich schwer verletzt ins Dickicht zurückgezogen.

Schwer atmend lag das verletzte Tier an einem Baum. Sie ging langsam und mit leiser Stimme auf das Tier zu. Als der Rehbock erkannte, wer zu ihm kam, beruhigte er sich etwas. Rheanna setzte sich neben ihn und nahm seinen Kopf in ihren Schoß. Beruhigend sprach sie mit ihm und erzählte ihm von der Schwarzen Göttin und was sie mit ihr und mit dem Eichhörnchen erlebt hatte. Sein Atem wurde ruhiger und er schaute sie mit seinen großen schwarzen Augen vertrauensvoll an.

Dann tauchte, wie aus einem Nebel kommend, die Schwarze Göttin auf und lächelte Rheanna und dem Rehbock liebevoll zu. Sie erfuhr, dass sich der Rehbock geopfert hatte, um durch diese Vehemenz des Aufpralls mit dem stählernen Wesen einen Menschen an ein für ihn wichtiges Thema zu erinnern. Liebevoll schaute Rheanna in diese Augen, die mit so viel Weisheit gefüllt waren und sie verstand, sie verstand es als Waldfrau.

Rheanna verabschiedete sich und übergab den Platz an die Schwarze Göttin. Dabei bemerkte sie einen Menschen, der in den Wald kam, um den verletzten Rehbock zu suchen. Und sie nahm wahr, dass dieser Mensch am nächsten Tag ein Ritual zur Vergebung, zur Achtung dieses Tieres vollzog. Sie kannte diesen Menschen und sie würdigte sein Tun.

Ein Unfall

Ein junger Rehbock rannte mir Anfang Februar 2019 bei der Heimfahrt abends im Halbdunkel seitlich ins Auto und prallte vom vorderen bis zum hinteren Radkasten am Auto entlang. Ich hatte ihn nicht gesehen, er kam aus einem toten Winkel. Verletzt blieb er zuerst auf der Straße liegen, rappelte sich dann auf und verschwand im Wald.

Tags darauf versuchte ich, ihn im Wald zu finden, aber ohne Ergebnis. Ich machte am nächsten Tag vor Ort eine kleine Meditation mit einer Räucherzeremonie, um seiner Seele zu danken und allen, die ihn auf seinem Weg begleiten würden.

Ich war noch Tage danach schockiert. Schockiert darüber, dass ich nichts dagegen unternehmen konnte, es zu verhindern, es zulassen zu müssen – einem Tier eine Verletzung, möglicherweise auch den Tod – zuzufügen. Es verschwand im Wald und ich konnte ihm nicht folgen. Ich weiß es bis heute nicht, ob er überlebt hat.

Und es berührte meine Seele, dass sich jemand um diesen jungen Rehbock kümmerte und betreute und er in der Obhut von Rheanna und der Schwarzen Göttin war.

Und ich verstand es jetzt als Mensch.

Frühlings-Tagundnachtgleiche

Licht und Dunkelheit befanden sich jetzt im Gleichgewicht. Bei diesem Sonnenfest ist zu spüren, dass es jetzt die Zeit des Aufbruchs und des Neuanfangs war und der Beginn des neuen Zyklus sichtbar wurde. Brigid, die Weiße Göttin und ihr Götterbär Belenos befanden sich im Zenit ihrer Herrschaft und kündigten damit das Erwachen der Natur an, erste zaghafte Blüten und Knospen waren zu sehen. Durch die kosmische Einstrahlung des feurigen Mars durchdrangen die Pflanzen den Erdpanzer und eroberten ihren Lebensraum, unbeirrt von Wetterkapriolen.

Die Grünkraft der Natur demonstrierte explosionsartig die Fruchtbarkeit von Fauna und Flora. Die Elementarwesen waren ständig bemüht, ihre Schützlinge auf den Weg zu bringen und ihre volle Wildkraft zu entwickeln.

Und es war die Zeit der Nymphen und Nixen, deren Aufgabe es war, die Quellen, Bäche und Flüsse zu schützen und rein zu halten. Die Quellen wurden von ihnen energetisch gereinigt und mit dem Geist des Ortes versehen. An diesen Orten, an den Quellkultorten, huldigten die Menschen der Großen Göttin Brigid. Auch zündeten die Menschen in dieser Zeit große Osterfeuer an, sie verbrannten Altes, damit Neues entstehen konnte.

An den Bäumen verdickten sich die Enden der Äste und es war spürbar, dass junge Blätter aus diesen Knoten heraus explodieren wollten. Jeder Regenguss beschleunigte diesen Prozess. Endlich waren auch die Vögel mit ihrem Gesang wieder zu hören, sie riefen mit Inbrunst ihre Partner herbei. Und es schien, als würden sie mit ihren Rufen auch die Blätter an den Bäumen herausrufen und den Bäumen einen neuen Lebenshauch einatmen.

Wenn man genau hinspürte, konnte man fühlen, wie die Lebensströme in den Bäumen zu fließen begannen, das sich anfühlte wie ein Kribbeln oder ein leichtes Kitzeln. Jeder Regentropfen verstärkte das Drängen nach oben und jeder Sonnenstrahl ließ die Knospen sich immer weiter öffnen, bis zu diesem Moment, wo sich alles wie bei einer Explosion über das Land in Grün und in vielen weiteren Farben ergoss und es kein Zurück mehr gab: Der Frühling hielt Einzug ins Land und jedes Wesen spürte dies. Diese zunehmende Lichtkraft kurbelt die Lebensfreude und die Wahrnehmung an.

Rheanna streifte nun mit Rata und den Freunden regelmäßig durch das grün werdende Land und beobachtete, wie sich die Natur und die Naturwesen ihre Zeit und ihren Raum erneut zurückholten. Die Große Göttin Brigid zog über das Land und erweckte alles zum Leben. Und sie fühlte, wie sich ihre eigene Kraft erneuerte, und sie genoss es in vollen Zügen.

Der Clan der Luchse

Rheanna beschloss eines Tages, einen Ausflug in die Umgebung zu unternehmen. Leena wollte sie dabei begleiten. Ihr Weg führte sie zuerst ins Tal, um dann auf der anderen Hangseite wieder aufwärtszugehen. In der Sohle des Tales überquerten sie einen sich sacht dahinschlängelnden Bach mit leider viel zu wenig Wasser, an dessen Ufer sich einige Rehe einfanden. Durch die Anwesenheit des Luchses wurden sie jedoch aufgescheucht und entschwanden ins schützende Dickicht. Rheanna und ihre Begleiterin Leena fanden einen schmalen Weg, der scheinbar nach oben führte.

Nach einiger Zeit stellte sich jedoch heraus, dass er erst mal parallel zum Hang verlief und vom Dorf wegführte. Der Pfad wechselte mit der Zeit in einen Wildwechsel. Leena wurde immer unruhiger und lief vor und zurück, um eine Spur aufzunehmen, die scheinbar in der Luft und auf dem Boden lag. Die Entfernung zu Rheanna wurde immer größer und bald konnte sie Leena nicht mehr sehen. Gemächlich schritt Rheanna voran und folgte der mageren Wildspur, immer auf der Hut, keines der Wildtiere aufzuscheuchen.

Plötzlich sah sie Leena vor sich, angespannt mit aufgerichteten Ohren. Der Wind pfiff durch ihre Ohrpinsel und bewegte sie in unter-

schiedliche Richtungen. Leise rief Rheanna nach ihr, aber sie regierte nicht, so als wäre sie auf ein Ziel fixiert, das irgendwo in der Ferne lag. Ein Rascheln im Gebüsch ließ Leena sich ducken und in diese Richtung blicken. Rheanna blieb stehen und visierte das Gebüsch, aus dem das Geräusch kam.

Die Zweige hoben sich und darunter blickte ein Gesicht gleich dem von Leena hervor. Vertrauensselig kam ihnen ein Luchsbaby entgegen. Überrascht machte Leena einen Sprung zurück und beäugte dieses Wesen, das einfach und ohne Scheu auf sie zulief. Das Gebüsch blieb in Bewegung, es kamen noch drei weitere Jungluchse auf Leena zu. Sie wusste erst einmal nicht, wie sie reagieren sollte, hatte sie doch selbst noch keine Jungen gehabt.

Hilflos blickte sie zu Rheanna, diese jedoch fing zu lachen an. Sie kniete sich nieder, um diese vier Jungluchse zu begrüßen, rollte sich auf den Rücken, die Jungen stolperten über sie und bolzten mit ihr im Gras. Leena setzte sich nieder und schaute dieses seltsame Spektakel mit einer gewissen Scheu und auch mit einer gewissen Neugierde an.

Keiner von ihnen bemerkte, dass sich in der Zwischenzeit noch jemand anderes zu dieser Gruppe gesellt hatte und aus dem Hintergrund das quirlige Treiben verfolgte. Leena nahm die Witterung auf und bewegte sich langsam auf den Zuschauer zu. Es war ebenfalls eine Luchsin, schlank mit einer kräftigen Maserung ihres Fells. Genüsslich ließ sie sich nieder und ließ es zu, dass sich Leena näherte.

„Ich kenne diesen Geruch" dachte sich Leena, Erinnerungen kamen in ihr hoch an eine gemeinsame Zeit mit ihrer Familie. „Hallo Leena",

sprach sie dieser andere Luchs an. „Sie kennt meinen Namen?", dachte Leena. So als könnte die andere Luchsin ihre Gedanken lesen, antwortete sie. „Ja, ich kenne deinen Namen, denn du bist aus unserem Clan. Deine Mutter Vasak hat dich geschickt, die Waldfrau zu finden und sie zu uns zu begleiten." In Leenas Gesicht konnte man ein großes Erstaunen bemerken.

Lachend stand die Luchsin auf, rieb ihre Ohren an Leenas Kinn und verneigte sich vor Rheanna. Sie stellte sich beiden vor: „Ich bin Hannah, eine der Ältesten in diesem Clan. Ich freue mich, euch hier bei uns begrüßen zu dürfen. Und ich möchte euch einladen, uns zu unserem Clan zu begleiten. Unser Lager ist gleich hier in der Nähe.

Innerhalb kurzer Zeit erreichten sie das „Lager". Es bestand aus einer Höhle, mit vielen Nischen und weiteren kleinen Höhlen, die sich tief unter dem Berg erstreckten. Überall wuselten die kleinen Luchsbabys herum. Dann tauchte eine weitere Luchsin auf. Es war für Rheanna überraschend, dass mehr als eine Luchsfamilie zusammen in einer Höhle wohnten, waren sie doch eher Einzelgänger. Aber hier war alles anders, spürte sie. Diese Luchsin setzte sich in einem respektvollen Abstand in eine Nische, fast sah sie aus wie eine Statue aus Stein, und beobachtete das Geschehen. Leena wartete geduldig am Höhleneingang, Rata schien noch immer nervös zu sein, da sie von einer Schulterseite zur anderen huschte.

Endlich beruhigten sich die Jungen und schliefen friedvoll mit einem entspannten Gesichtsausdruck ein. Diesen Moment nutzte Hannah, um Rheanna und Rata in die Höhle einzuladen und nachdem sie Platz genommen hatten, sprach sie: „Wir haben dich gesucht. Unsere Älteste, Vasak, hatte vor einigen Monden ihre Tochter Leena geschickt, die Waldfrau zu finden, die zu den Menschen gehen wird. Und sie hat dich gefunden."

Dann begann sie zu erzählen: „In unserem Clan gibt es eine Älteste, Vasak, auf die wir uns alle verlassen können. Sie sagt uns, wann wir bleiben können oder wann wir weiterziehen sollen. Eines Tages kam sie sehr aufgeregt in unseren Kreis. Sie fand keine Worte und brauchte Zeit, um zu sprechen. Ungeduldig standen wir um sie herum, nicht wissend, was passiert war. Immer dann, wenn sie keine Worte hatte, fing sie an, ihre Pfoten sehr sorgsam zu lecken, so als wolle sie daraus ihre Worte finden. Also taten wir das auch, es beruhigt und lässt sich auf das Wesentliche konzentrieren. „Die Zeit ändert sich rasant, unsere Welt wird sich verändern", begann Hannah zögerlich die Worte von Vasak zu sprechen. „Unsere Welt hat sich schon immer verändert, aber was nun auf uns zukommt, ist anders als wir jemals erfahren und erlebt haben."

Der Clan, der sich im Kreis um die Besucher niedergelassen hatte, schaute Hannah erwartungsvoll an, als sie die Worte von Vasak hörten. Was wird sich verändern? Jedem ging etwas anderes durch den Kopf, aber keinem schien die Dringlichkeit bewusst zu sein. Wildes Gemurmel erfasste die Gruppe. „Schickt eine von uns aus," forderte uns Vasak auf, „die Waldfrau zu finden, von der die Sage erzählt, dass sie zu den Menschen gehen wird, um ihnen zu zeigen, wie sie mit Mutter Natur umgehen können, ohne alles zu zerstören." Und man schickte schon vor vielen Monden Leena aus, diese Waldfrau zu suchen und zum „Clan der Luchse auf dem Berge" zu begleiten.

Die Luchsin Hannah musterte Rheanna. War sie diese Waldfrau? Immerhin kam Leena mit ihr ins Reich der Luchse zurück. Erstaunt blickte Rheanna auf dieses Knäuel von Fell, auf Hannah, um das sich diese vier Jungluchse balgten. Mit stoischer Ruhe ließ Hannah das Getümmel über sich ergehen.

Rheanna war sprachlos. „Wieso ich? Ich habe doch nicht vor, zu den Menschen zu gehen. Es ist doch auch noch nichts entschieden?", dachte sie sich. Aber ganz tief in ihrem Inneren spürte sie den Funken Wahrheit in diesen Worten, auch wenn ihr das noch nicht bewusst war. Rata beobachtete sie neugierig.

Die Luchsin in der Nische leckte sich während diesem Gespräch gedankenverloren ihre Pfoten, so als würde sie sich in einer anderen Dimension befinden und nicht bei diesem Gespräch dabei sein. Nur ein kurzes Zucken ihrer Ohrpinsel zeugte von erhöhter Aufmerksamkeit. Sie begann, langsam zu sprechen, so, als würde sie die Worte erst vorsichtig wählen müssen: „Ich bin Vasak, die Älteste dieses Clans und ich habe Leena ausgeschickt, dich zu uns zu bringen", stellte sie sich vor. „Die Welt wird sich verändern und nicht mehr so sein, wie wir sie bisher kannten", begann sie ruhig, kaum von ihrer Tätigkeit aufblickend. „Die Anzeichen mehren sich. Unsere Späher berichten von gewaltigen Umbrüchen in der Welt der Menschen, die sich in unserer Welt bemerkbar machen werden und bald auch in der Eurigen." Vasak senkte ihr Haupt zur Erde und inhalierte den Geruch von Mutter Erde ganz tief ein, so als könne sie daraus eine Antwort erfahren. Sie spürte dabei den Herzschlag von Mutter Erde, roch ihren Atem und wusste um ihre Seele. „Mutter Erde, was können wir tun, um dieses aufkommende Unheil abzuwenden? Das Unheil, das uns die Menschen antun werden?", flehte sie. Die Clanmitglieder spitzten die Ohren, so etwas hatten sie von ihr noch nie gehört.

Rheanna konnte dies gedanklich bestätigen, denn es war auch bei ihr und bei ihrem Volk schon spürbar, wenn auch sie es so noch nicht benennen konnte.

Vasak sprach weiter: „Unsere Späher berichten von Abholzungen von Wäldern, unser Lebensraum wird damit vernichtet. Man macht Jagd auf uns, wegen unseres Fells und rottet unsere Sippe damit aus. Und nicht nur die unsrige, auch die von den anderen Tieren und Wesen der Wälder. Wir hörten von den Zwergenreichen, dass ihre Höhlen überflutet werden, weil die Regenfälle nicht mehr aufzuhalten sind und die Bäche zu reißenden Flüssen werden. Wir hörten von den Elfen, dass sie ihre Räume und damit ihre Bestimmung verlieren. Sie sterben dadurch. Wir hörten auch von den Feen, von deinem Volk Rheanna, dass sie sich Sorgen um ihre Welt machen. Die Welt, in denen Mensch und Tier und die Naturwesen miteinander leben wollen. „Und …" sie holte tief Luft, bevor sie weitersprach, „es gibt leider Menschen, denen es nicht bewusst ist, was sie uns allen und vor allem Mutter Erde damit antun." Nach einem Moment des

Nachspürens ergänzte sie ihre Rede, und es schien wie ein Hoffnungsschimmer zu sein: „Aber ..., es gibt auch bereits Menschen, die dieses Unrecht erkennen und etwas dagegen unternehmen wollen. Diese Menschen brauchen Unterstützung aus dem Reich der Naturwesen, um zu verstehen."

Erstaunt sah man sie an, war sie doch eher schweigsam, sparsam mit Worten und überhaupt nicht verurteilend. Doch ihre Worte waren bewusst gewählt, um die Dringlichkeit hervorzuheben. Und Rheanna spürte dies ganz genau. Nachdenklich blieb Rheanna in ihrer Nische sitzen, auch Rata sah man an, dass diese Worte einen Eindruck hinterlassen hatten.

Die Jungluchse erwachten wieder und fingen mit ihrer Lieblingsbeschäftigung an, zu raufen und über jeden zu stolpern, der sich in ihrer Nähe befand. Rheanna ging lachend auf das Spiel der Jungen ein. Lange Zeit hatte sie sich nicht mehr so frei gefühlt wie jetzt, sie genoss es sichtlich. Rata hatte sich vorsorglich in eine der oberen Nischen verzogen, um nicht versehentlich auf dem Speise- oder Spielplan der Jungluchse zu landen.

„Was wirst du tun? Hast du dich schon entschieden?", fragte Vasak, die Älteste. „Du bist die Auserwählte! Von dir wird unser aller Fortbestehen abhängig sein. Du kannst die Botschaft in die Welt der Menschen bringen." Rheanna schluckte. Dieser Konsequenz war sie sich nicht bewusst. Auch Rata schwieg dazu. War doch die Frage und die Aufforderung der Ältesten des Luchsclans klar und deutlich ausgesprochen.

Der Tag neigte sich dem Ende zu und die Luchse boten ihnen an, die Nacht in der Höhle zu verbringen, was man gerne annahm. Am nächsten Morgen nahmen Rheanna und ihre Gefährten den direkten Weg zum Dorf, nachdenklich und schweigend. Selbst Rata gab kein Wort, kein Geschnatter, von sich.

Leena begleitete sie nur ein kurzes Wegstück, sie wollte noch eine Zeit bei ihrem Clan verbringen. Als Rheanna sich vom Clan verabschiedete, sicherte man ihr zu, immer willkommen zu sein und ihr beizustehen, egal wann und wo. Verschämt nahm Rheanna diese Hilfe an, waren es doch immer eher die Feen, die ein solches Versprechen gaben. Und sie spürte, ganz tief in ihren Zellen verankert, dass sie dies eines Tages einlösen würde.

Auch die Jungluchse begleiteten sie noch ein Stück des Weges, bis ein Ruf der Mütter sie umkehren ließ. Sie verschwanden, wie sie auftauchten – unbemerkt und auf leisen Pfoten.

Zurück im Dorf begab sich Rheanna gleich zu den Ältesten. Sie berichtete von dem, was sie vom Clan der Luchse erfahren hatte. Die Ältesten schienen nicht sonderlich überrascht, hatten sie doch auch ähnliche Erfahrungen gemacht. Außerdem gab es eine Vorhersagung in ihrem Dorf, dass eine Auserwählte den Weg zu den Menschen antreten würde. Sollte das Rheanna sein? Man redete lange darüber, was man tun könnte. Aber es fand sich erst einmal keine zufriedenstellende Lösung. Der Abend brach herein, und wieder vertagte man sich.

Früher als gewohnt zog zur Tag- und Nachtgleiche ein frühlingshaftes Wetter auf. Viele Tiere reagierten darauf und Vögel begannen schon mit ihrer ersten Balz. Leena kam nach einigen Tagen wieder ins Dorf zurück. In dieser lauen Zeit des Frühlings, in der es dieses Jahr schon ungewöhnlich heiß wurde, zeigte sich die Veränderung auf Mutter Erde. Das Land verlor sein Wasser, es regnete zu wenig.

Rheanna sah es den Pflanzen an, dass sie litten. Manche von ihnen keimten nicht einmal mehr, sondern blieben in der Erde versteckt. Aber dadurch blieben auch die Insekten aus, die Bienen und die Schmetterlinge. Nur die Hummeln trauten sich aus ihren Erdhöhlen. Schon früh blühten die Bäume und als der Frost noch einmal Anfang Mai kam, war die Blütezeit zum Glück schon vorbei. Mit Sorge betrachtete Rheanna diese Veränderungen, die unaufhaltsam voranschritten.

Bienen und Schmetterlinge

In diesem Jahr vermisste ich die Bienen und die Schmetterlinge und die Insekten. Wo sind sie geblieben? Auch ich betrachtete das mit Sorge. Was passiert, wenn sie ausbleiben und nicht mehr kommen? Was passiert mit den Blumen und Bäumen? Wer bestäubt die Blüten der Obstbäume? In meinem Garten traf ich auf lediglich eine einzige Wildbiene und weniger als zehn Hummeln, von den Schmetterlingen und den Insekten im Allgemeinen ganz zu schweigen. Ich kenne das aus meiner Kinder- und Jugendzeit noch anders, als ich noch mit selbstgebastelten Köchern Schmetterlinge fing, um ihre Schönheit zu betrachten. Danach ließ ich sie immer frei! Die Wiese war voll von ihnen in jeglicher Größe und Farbenpracht.

Beltane – Das Fest des Frühlings

Die Ältesten hatten für sie immer noch keine Neuigkeiten, denn auch sie wussten nicht, was da auf sie zukommen würde. In sich gekehrt verbrachte Rheanna die nächsten Tage allein und verblieb in ihren Räumlichkeiten. Nur selten sah man sie in den Wäldern und wenn, dann sehr in sich versunken. Immer gesellten sich Ayla oder Leena zu ihr und begleiteten sie schweigsam ein Stück des Weges.

Rheanna gingen die Worte der Luchsin Vasak über die Vorhersage nicht aus dem Kopf. Wieso sollte gerade sie zu den Menschen gehen? Wie sollte das gehen? Sie hatte schon einiges davon gehört, dass die, die gingen, nicht mehr zurückkamen, nie wieder gesehen wurden. Würde das auch mit ihr passieren und warum? Tausend Fragen gingen ihr durch den Kopf und sie wusste nicht, wer sie beantworten konnte. War sie diejenige aus der Vorhersagung? Wieso sie? Sie hatte doch gar nicht das Bedürfnis, ihr Land zu verlassen. Was hatte sie Besonderes an sich, dass sie eine Auserwählte sein konnte?

Sie schüttelte den Kopf, um die Gedanken aus ihrem Kopf zu vertreiben, aber es nutzte nichts, sie blieben vehement. In den Nächten hatte sie wilde, lebhafte Träume, die sie auf ihre Aufgabe vorbereiteten, auch wenn sie noch nicht verstehen wollte, was sie bedeuteten.

Tief in ihren Gedanken versunken ging sie ein letztes Mal zum Wasserfall, der noch immer nicht mehr Wasser führte. Kurz bevor sie aus dem Dickicht trat, flog vor ihr schimpfend und warnend ein Vogel auf, ein Eichelhäher. Sie erinnerte sich an den Moment vor ihrem Aufbruch, als sie ebenso einen Eichelhäher aufscheuchte.

Rheanna dachte darüber nach: „Lehrt er uns doch, die Geisteskraft in die Tatkraft umzuwandeln. Dinge nicht nur zu denken, sondern auch zu tun. Sollte das ein Hinweis sein, dass jetzt es an der Zeit ist, etwas zu tun?“

Sie stand bei einer Eiche und blickte verträumt über das Becken des Wasserfalls und erinnerte sich an ihr Zuhause. Ihr Haus stand am Fuße der uralten Eiche, mit vielen Geschichten und mit vielen Gesichtern in den Ästen und im Stamm. Viele Wesen und Baumgeister leben in ihm und wenn man genau hinsieht, kann man sie alle erkennen. In seiner Krone fühlte sie sich geborgen, hatte aber auch dort von ihm von den unglaublichen Taten der Menschen erfahren.

Plötzlich hatte sie Heimweh nach ihrer Eiche, nach ihrer Heimat. Außerdem sehnte sie sich nach Gesprächen mit ihm. Und um vielleicht wieder auf andere Gedanken zu kommen. Sie kehrte zum Dorf zurück und auf dem Weg dorthin beschloss sie, heimzukehren.

Wie war es in der Zwischenzeit der Schneeeule ergangen? Sie war schon viel zu lange von zu Hause weg gewesen. So beschloss sie, schon in den nächsten Tagen aufzubrechen. Rata sprang über diese Botschaft aufgeregt umher und machte alle nervös. Auch Bamme, der sonst die Ruhe in Person war, zeigte Anzeichen von Nervosität und lief geschäftig vor seiner Höhle hin und her. Nur Leena ließ sich nicht aus der Ruhe bringen. Sie leckte ihre Pfoten, die sie über ihre Ohren strich. Nur das Zucken ihrer Pinsel ließ eine Erregung erkennen.

Aber es stand noch ein wichtiges Ereignis an, das sie nicht verpassen wollte. Der Kuckuck, der Herold der jungen Frühlingsgöttin, verkündete nämlich ein großes Ereignis und kündigte mit seinem Ruf die angehende Hochzeit mit dem jungen Belenos an. Der Bärengott Belenos hat mittlerweile sein Bärenfell abgelegt, sich als der neue Lichtgott zu erkennen gegeben und inbrünstig um seine neue Braut geworben.

Die erdhafte Sinnlichkeit unter dem Einfluss der Venus zeigt sich in der massiv vorangetriebenen Verwurzelung der Pflanzen. Das, was als Idee im Samen angelegt wurde, beginnt unter dem Mondeinfluss vergangener Frühlingstage zu keimen und sucht nun Halt, Verankerung und Nahrung im Schoß der Erde, damit es sich zu Kraft und Form entfalten kann.

Auch Rheanna verspürte diesen Drang des Keimens in ihr. Sie dachte über die erste Idee, die sich in ihr festsetzte, aber auch wieder verworfen wurde, nach. Sie erinnerte sich an die Worte von Vasak, der Clanältesten über die Auserwählte, die sie sein sollte. Sie rief sich die Gespräche mit den Ältesten und Freunden in Erinnerung. Gedanken über Gedanken, die Halt und Verankerung suchten, damit sie umgesetzt werden konnten.

An diesem Vorabend des Maivollmondes wurde der Polterabend vor der göttlichen Hochzeit gefeiert. Es war ein großes Fest, auf dem die Naturgeister tanzten und das Elfenvolk ausschwärmte. Alle kamen, keiner wollte das Fest versäumen. So wurden die mondbeschienenen Lichtungen voll von Wesen aller Art, die Musiker trafen ein, Heuschrecken mit Harfen und Maulwürfe mit Violinen, Vögel mit Querflöten, Kaninchen mit Trommeln, die Triangel wurde von einem Rehkitz gespielt und der Waldgott stellte seine Panflöte zur Verfügung. Jeder brachte etwas mit und es begann ein gemeinsames Musizieren, Tanzen und Fröhlichsein. Die Elfen verließen den Schoss von Mutter Erde und bei Tagesanbruch flogen sie aus, zu ihren Pflanzen, um sie zu umsorgen und zum Wachstum anzuregen.

In dieser Nacht standen die Pforten zur Anderswelt weit offen und manch einer aus der menschlichen Welt nahm an diesem Fest auf seine Art und Weise teil.

Am nächsten Tag trafen sich die Hochzeitsgäste am Heiligen Hain und verteilten sich rundherum. In ihm standen die fünf heiligen Bäume: Buchen, Eichen, Birken, Linden, Eiben und am Rande ein Birnbaum. Ihr Alter konnte man schon nicht mehr bestimmen, so alt waren sie bereits, bestimmt hunderte von Jahren haben sie jedes Jahr diese göttliche Hochzeit miterlebt und konnten von ihr berichten.

Dann betrat die göttliche Braut die Lichtung im Hain, die zu diesem Anlass in goldenem Licht erstrahlte. Sie trug ein weißes Brautkleid, wallend, glänzend, flimmernd, mit goldenen Applikationen. Ihr Schleier aus gestickter Seide umrahmte ihr holdes Antlitz. Geführt wurde sie von ihrem Geliebten, dem jugendlichen Lichtgott Belenos, gekleidet in lichthellem Gewand, das wie die Sonne erstrahlte. Bei ihrem Eintreten verstummten alle und verneigten sich ehrfurchtsvoll vor ihnen. Das Brautpaar drehte sich zueinander, nahm sich an den Händen und blickte sich tief in die Augen. In diesem Moment verschmolzen Braut und Bräutigam miteinander und wie ein einziger Lichtstrahl erhoben sie sich und ergossen sich über die Landschaft und erfüllten so jedes Lebe- und Naturwesen mit der neuen göttlichen Energie.

Nach diesem fulminanten Fest, zwei Tage später, brach die Gruppe auf, ein Rückweg von vier Tagen und drei Nächten lag vor ihnen. Der Abschied vom Dorf fiel niemandem leicht, manch eine Träne stand in den Augen. Und man versprach sich, sich bald wiederzusehen. Niemand wusste, wann das sein würde. Auch nicht, dass das schneller sein würde, als man dachte.

Der Heilige Hain

Ich begann meine erste Reise zu meiner Familie in einem Heiligen Hain in Irland. Der Heilige Hain ist ein Raum im Raum, ein Seelenraum der Anderswelt. Ein Raum, in dem die Heiligkeit eintreten und einfach sein kann. Er ist wie ein weißer, heller Raum, mit Ornamentik und Begegnungen. Wiederholte Besuche, Achtung, Zuwendung oder gar Gestaltung verleihen dem Ort der Begegnung eine Weihe, eine Heiligung. Es werden mit der Erde, mit dem Ursprung verbundene Räume geschaffen. Räume, die eine Angebundenheit an den Geist der Landschaft haben.

Und Verbindungen und Tore in diese geistigen Räume ermöglichen es, den heiligen Raum zu öffnen, eine Tiefe zu erfahren, ihn zu spüren, im Innen und im Außen.

Die Abholzung der Bäume in einem Heiligen Hain bedeutete die Zerstörung des Seelenraumes dieses heiligen Ortes. Dort ist die „Haut der Welten" dünn und durchlässig genug, damit Menschen und Naturwesen über diesen Ort in Kontakt treten konnten.

Die Feen waren nicht fähig, gegen diese Handlungen, den Abholzungen von Bäumen und Wäldern der Menschen etwas zu unternehmen. So zogen sie sich immer weiter zurück, wurden immer luzider und transparenter, bis sie für die Menschen nicht mehr sichtbar und der Kontakt unterbrochen war.

Wenn wir jetzt nicht der Heiligkeit neue Räume geben, geht sie unmissverständlich und unwiederbringlich verloren. Auch das Profane ist Teil des Heiligen und braucht wieder den Einzug in unser Leben.

Die Heimreise

Die Reisegruppe verließ am frühen Morgen das Dorf. Rata saß still und in sich versunken auf Rheannas Schulter. Leena und Ayla liefen voraus, Bamme trottete langsam hinten nach. Jeder hing seinen Gefühlen und Gedanken nach. Auch wenn man sich auf die Heimat freute, so war der Abschied doch schmerzlich. Je weiter man sich vom Dorf entfernte, umso leichter wurde es, und die Freude über den beginnenden Frühling siegte. Man unterhielt sich über dieses Fest, an dem alle zum ersten Mal teilgenommen hatten. Die Weiße Göttin und ihr junger Lichtgott wurden von allen bewundert und man beschrieb sie in den schillerndsten Farben. Jeder erzählte auch von den Bekanntschaften, die man auf diesem Fest gemacht hatte.

Und man erfreute sich an den frühlingshaften Farben, in die das Land nun getaucht war. Zaghaft strebten die ersten Blüten in Weiß und Gelb aus der grünen Wiese hervor. Die Bäume umgab ein grün schillernder Hauch, der die Pracht der sich zu voller Größe entfaltenden Blätter schon erahnen ließ.

Bamme streckte immer wieder seine Nase in den Wind. Dort lag ein Geruch, der ihn magisch anzog. Er ließ sich immer weiter zurückfallen.

Am ersten Abend verabschiedete er sich von der Gruppe: „Ich werde euch hier verlassen. Es gibt hier in der Nähe eine junge Bärin, die ich gerne kennenlernen möchte. Es wird Zeit, eine Familie zu gründen und für Nachwuchs zu sorgen."

Erstaunt blickte Rheanna auf. „Aber natürlich, das kam mir ja noch gar nicht in den Sinn", dachte sie sich. „Bamme ist ja jetzt in seinem reifen Alter."

Sie stand auf und ging zu ihm hinüber. Sie umarmte ihn am Bauch, er nahm sie hoch und warf sie noch einmal einfach so in die Höhe. Ihr liefen die Tränen, als sie sagte: „Bamme, mein Freund. Vielen Dank für deine Begleitung, für dein Zuhören, für deine Anwesenheit. Ich habe mich gefreut, dich wiederzusehen und zu wissen, dass es dir gut erging."

Sie seufzte. „Du weißt, du bist immer bei mir willkommen, sollte dich dein Weg mal wieder in meine Gegend führen."

Auch Bamme standen die Tränen in den Augen. Er nickte. Rata kuschelte sich noch einmal an seinen Hals, bevor er sich umdrehte und in die andere Richtung zurücklief.

Nach ein paar Metern hielt er an, drehte sich um, richtete sich in aller Größe auf und rief: „Leena, Ayla, Rata ... passt auf Rheanna auf! Auch wenn sie es selbst kann, habt ein Auge auf sie. Ich werde in der nächsten Zeit nicht mehr bei euch sein. Wer weiß, wohin mich mein Weg bringen wird."

Zurück auf seinen vier Pfoten raunte er Rheanna, die ihm noch ein Stück nachgelaufen war, zu: „Solltest du das umsetzen, was du vorhast zu tun, dann sei dir meiner Freundschaft auf ewig gewiss. Und irgendwann und irgendwo werden wir uns wieder treffen."

Damit drehte er sich um, und ohne noch einmal zurückzuschauen, verschwand er im Wald. Am nächsten Morgen setzte die Gruppe ihren Weg fort. Nachdenklich blickte man immer wieder mal zurück, ob Bamme vielleicht doch noch nachkommen würde. Sie kamen an Feldern, die gerade bestellt wurden, und an Wiesen vorbei, wanderten durch den jungen Wald und überall konnte man den Frühling spüren und sehen. Die ersten Jungtiere waren schon geboren und wagten neugierig ihre ersten Schritte in die Freiheit.

Rheanna schlug der Gruppe vor, diesmal den Pfad über den heiligen Berg der St. Odile zu nehmen, denn in dieser Jahreszeit war er leichter zu begehen. Sie wollte zum Feenplateau, um dort Rast zu machen. Unterwegs traf man jedoch auf eine Gruppe von Menschen, die ebenfalls den Weg zum Plateau einschlug. Ayla und Leena versteckten sich im Gebüsch, Rata nahm auf einem Baum seinen Beobachtungsplatz ein. Die Menschengruppe erreichte ihr Ziel und sie ließen sich verstreut auf dem Plateau nieder. Rheanna bemerkte, dass einige dieser Menschen mediale Fähigkeiten hatten, und sie hielt sich weit genug entfernt, um nicht entdeckt zu werden. Dann strömte ein Großteil der Menschen aus und verteilte sich in der Landschaft. Ein Teil versuchte, Deckung in Höhlen, unter Steinen oder unter dem Farn zu finden, die anderen schienen diese Menschen zu suchen. Rheanna lachte innerlich über dieses menschliche Spiel. Die, die sich versteckten, waren so gut getarnt, dass sie von den Suchenden nicht gefunden wurden.

Plötzlich spürte sie, dass einer dieser Menschen einen Pfad, ein Tor in ihr Reich, in die Anderswelt gefunden hatte und sie musste sich ducken, um nicht selbst entdeckt zu werden. Wie konnte das passieren? Wer war sie? Hatte sie etwas Feenhaftes oder Mediales an sich? Diese Menschenfrau war selbst verwirrt über diese Erfahrung im Farn, das sah ihr Rheanna an. Aber sie spürte auch, mit dieser Menschenfrau würde sie noch zu tun haben.

Sie zog sich zurück, Ayla und Leena gesellten sich mit Rata wieder zu Rheanna und gemeinsam setzten sie ihren Heimweg fort. Noch ein Erlebnis, noch ein Wink, der Rheanna beschäftigte. „Wer war das? Und was war das im Farn mit dieser Menschenfrau?“, fragte Leena. Auf diese Fragen von ihr, die das aus der Deckung miterlebt hatte, konnte Rheanna keine Antwort geben.

Am Ende des dritten Tages kamen sie schließlich an ihrer Hütte an. Der Weg über den heiligen Berg hatte ihnen eine verkürzte Heimreise beschert.

Ihre Umgebung hatte den Winter gut überstanden, die Eiche plauderte gleich los und erzählte, was in der Zwischenzeit passiert war. Einige der großen Bäume in seiner Umgebung wurden gefällt, vor allem Buchen und Fichten, die im Wald standen. Hässliche Löcher mit chaotisch herumliegenden Ästen verblieben dort. Ein Orkan hatte im Nachbarwald eine Schneise der Verwüstung im Fichtenwald hinterlassen. Die Bäume fielen um wie Zündhölzer. Und nun hörte man schon seit einiger Zeit die Menschen mit ihren übergroßen Maschinen, die die gefallenen Bäume aus dem Wald holten. Mit diesen schweren Gerätschaften zerdrückten sie den empfindlichen Waldboden.

Einige Waldbauern gingen jedoch noch immer mit ihren Pferden in den Wald und betrieben eine naturnahe und umsichtige Waldwirtschaft.

Sonnenwendnacht

Die Natur hatte das Land ergriffen, explosiv und unaufhaltsam tauchte es ein in Grüntöne, gepaart mit den unterschiedlichsten Blütenfarben, die sich nun in reife Früchte wandelten. Die Weiße Göttin hatte sich nun zur Roten Göttin transformiert und als Pflanzen- und Vegetationsgöttin war sie schwanger mit den werdenden Früchten der Erde. Der Sonnengott wirkte mit seiner Lichtkraft und Hitze auf die Reifung der Früchte und des Getreides ein. Ihre Herrschaft mit Belenos, dem Lichtgott war nun am Zenit angekommen. Es war der längste Tag mit der kürzesten Nacht. In dieser Zeit war man wie berauscht über die Üppigkeit der Natur und die Pforten zur Anderswelt wurden in den zwölf heiligen Tagen transparenter. Es herrschte ein reger Austausch zwischen der Menschen- und Anderswelt.

Die Menschen zündeten in der Sonnenwendnacht riesige Freudenfeuer an. Und Lugh, der Feuergott, fällte in dieser Nacht wieder mit einem Mistelpfeil den Sonnengott Belenos und übernahm die Regentschaft, zusammen mit seiner Roten Göttin. Nun war er der

Gott der reifen Früchte und des schnittreifen Getreides. Taranis, der Donner- und Himmelsgott, schickte ab und zu ein Gewitter zur Erfrischung seiner Geliebten, der Erdgöttin.

Das Frühjahr ging nahtlos in den Sommer über, eine Hitzewelle überzog das Land. Der Regen blieb aus und die Pflanzen strengten sich an, ihre Früchte reifen zu lassen. Früh ließen die Bäume ihre Blätter fallen, um die Kraft in ihre Samen zu leiten und sich selbst zu schonen. Die Elfen hatten eine schwierige Aufgabe dabei zu bewältigen. Waren sie doch zuständig für die ganze Pflanze. Und nun mussten sie Teile von ihr opfern, um zumindest den Erhalt der Pflanze durch die Samen zu gewährleisten. Diese Wetterveränderungen brachten viele Naturwesen aus dem Gleichgewicht.

Rata hatte Glück und fand noch zu Beginn des Sommers eine Partnerin, mit der er eine Familie gründen konnte. In dieser Zeit ließ er sich nicht oft blicken, außer er holte sich einige seiner Rationen aus dem Haus und der Eiche, sofern diese Früchte wie die Nüsse noch nicht ausgetrieben hatten. Sie war eine hübsche, schwarze Lady mit weißem Bauch und hieß Ruby. Liebevoll beobachtete Rheanna das Treiben der beiden.

In der Sonnenwendnacht, wenn die Menschen ihre Freudenfeuer anzündeten, mischte sich Rheanna gerne unter diese Gruppen. Sie beobachte dieses Mal die Menschen unter einem anderen Aspekt. Wie waren sie, wie verhielten sie sich? Konnte sie mit diesen Menschen leben? Sie sah, dass nur wenige fähig waren, die Anderswelt wahrzunehmen. Und in dieser Sommernacht im Kreis des Feuers begegnete sie einer Frau, die sie, Rheanna, wahrnahm, einer weisen alten Frau, einer Schamanin. Sie blickte Rheanna an und sie verstanden beide. In ihren Augen blitzte der Glanz, den sie von ihrem Feenvolk kannte. Und sie hatte trotz ihres Alters etwas Aufrechtes, Stolzes und einen Hauch von Luzidem. Sie gingen aufeinander zu, nahmen sich bei den Händen, so als kannten sie sich seit Jahrhunderten und wortlos nahmen sie auf einem Baumstamm Platz, der weit vom Trubel der Menschen lag. Sie begrüßten sich und stellten sich vor. Lange schauten sie sich in die Augen, den Toren zur Seele, und sie erkannten beide darin ihre ureigene Heimat.

„Auch ich stamme aus deinem, aus unserem Volk der Feen und ich bin vor vielen Leben diesen Weg gegangen. Und ich bin mittlerweile durch viele Leben gegangen", begann sie, Rheanna zu erzählen.

Dabei lächelte sie ihr zu. Verwundert hörte Rheanna dieser alten und weisen Frau zu. Es gab sie doch noch? Die Feen, die in einer früheren Zeit zu den Menschen gingen? Aber warum gingen sie und kehrten nicht zurück zu ihrem Volk? Hatten sie vielleicht ihre Aufgaben noch nicht erfüllt?

„Ich habe zu meiner Zeit als Fee einen Menschen zum Manne genommen, wir hatten uns unsterblich ineinander verliebt. Um mit ihm gemeinsam in seinem Dorf leben zu können, wusste ich, dass ich in die Welt der Menschen eintreten musste. Wir lebten lange und glücklich zusammen und es gab Kinder aus unserer Liebe. Schon damals waren die Probleme zu spüren, die der Mensch der Natur verschaffte. Doch als Mensch musste ich sterben und an meinem Sterbebett versprach ich, Mutter Erde zu helfen, die Menschen auf ihre Taten hinzuweisen und ihnen zu zeigen, Gaia als ihre Urheimat anzuerkennen, die nicht zerstört werden darf.

Jedoch, je öfter ich inkarnierte, desto weniger konnte ich mich an meine Ursprungsfamilie, geschweige denn an mein Versprechen erinnern. Und in jeder Inkarnation gab es alte Aufgaben zu lösen und neue standen an. Bis zu einem Tag, an dem sich alles ändern sollte und ich durch eine Eiche an mein Versprechen erinnert wurde."

Die Eiche

Wieder durch eine Eiche? Welch eine Überraschung! Hatte sich mir doch auch die Eiche in einer Meditation offenbart und mich an mein Versprechen erinnert. Sind es immer die Eichen, durch die wir erinnert werden? Das ist sicher möglich, da ihre Qualitäten zum Heilsein und Ganzsein führen können. Ihre Qualitäten bestehen darin, zu unserer ureigenen Mitte, zu unserer eigenen Stärke zurückfinden zu können, Altes und Verschwommenes kann neu geordnet werden, neue Strukturen und Ausrichtung ermöglichen. Im Heilsein und Ganzsein gewinnen wir unsere persönliche Freiheit zurück und es können der Lebensweg und die Lebensaufgabe besser betrachtet und begangen werden.

Die Heilerin

„Ich habe mein Versprechen, das ich damals auf dem Sterbebett abgegeben habe, noch nicht eingelöst. Aus diesem Grund bin ich noch hier in der Menschenwelt", erläuterte sie und Rheanna begann zu verstehen.

„Und viele Male bin ich als Schamanin und Heilerin wiedergeboren worden", fuhr sie fort. „Ich hatte ein Wissen und eine Gabe aus meiner Urheimat mitgebracht, das ich in meinen menschlichen Leben anwenden durfte und konnte."

„Ich erzähle dir mein Leben aus einer meiner Inkarnationen, an das ich mich gut erinnern kann." Und so begann die alte, weise Frau und Schamanin zu erzählen:

„Ich stand vor den Burgmauern, die sich übermächtig vor mir auftürmten. Große Steinbrocken, lückenlos vermauert, zeugten von der Wehrhaftigkeit dieser Anlage. Auf der linken Seite ragte die Schlossanlage hinter dieser meterhohen Wand hervor. Die Sonne schien sich nicht über die Burgmauern zu trauen. Um mich herum war

ein ehemals sumpfiger, nasser Morast, bevor er von einem heißen Sommer ausgetrocknet wurde und der Boden durch die Trockenheit aufriss und steinhart wurde.

Aber es ließ sich erahnen, dass sich zu anderen Zeiten hier keiner bewegen konnte, ohne sofort bis mindestens zu den Waden zu versinken. Ich ging um die Burgmauern herum, vorbei an einem Schweinepferch. Dicke, wohlgenährte, laut schmatzende und grunzende Schweine befanden sich darin. Neugierig und bettelnd kamen sie näher, jedoch hatte ich nichts für sie. Ich hatte nicht einmal etwas für mich.

Also wandte ich mich den Häusern zu, die in unmittelbarer Nähe standen, sie waren einfach und teilweise heruntergekommen. Manchen sah man an, dass sie dem nächsten Regen nicht standhalten würden. Aber sie waren bewohnt, meist von einer mehrköpfigen Familie, die Ärmsten der Armen.

Man vertrieb mich, zu groß war der Neid, ich könnte von ihnen etwas wollen, was sie nicht hatten: etwas zu essen. Man ging mit Stöcken auf mich los, ich rannte zum offenen Burgtor. In diesem Moment fuhr ein Bauer mit seinem Ochsenkarren, beladen mit Stroh, auf die Torbrücke. Ich sprang hinten auf und ließ mich in die Burg mitnehmen.

Es war Markttag. Viele Händler boten ihre Waren an, Obst, Gemüse, Hühner, Eier, Stoffe, Waffen und vieles mehr. Ich blieb bei einem Stand stehen und beobachtete eine feingekleidete Dame beim Einkauf. Unbemerkt fiel ein Apfel herunter und rollte mir entgegen. Schnell bückte ich mich, hob ihn auf und versteckte ihn in meinem Tuch. Niemand schien es bemerkt zu haben. Ich verdrückte mich in eine nicht einsehbare Nische und verspeiste diesen köstlichen Apfel, den es bei uns selten gab.

Ich war 12 oder 13 Jahre alt und ohne Heimat und ohne Eltern. Man hatte mich aus meinem Dorf, in dem ich aufgewachsen war, vertrieben. Zuerst verstarb meine Mutter bei der Geburt ihres dritten Kindes. Auch das Kind überlebte nicht. Aus Gram darüber zog mein

Vater in den Krieg. Er kam nicht wieder. Da sich niemand um mich kümmern wollte, verjagte man mich. Was aus meinem jüngeren Bruder wurde, weiß ich nicht. Sicher wurde er in einer Familie aufgenommen. Einen Sohn konnte jeder brauchen.

Ich hatte hellblonde, fast weiße Haare und eine schneeweiße Haut, nicht so wie die Bewohner meines Dorfes. Diese waren eher dunkelhäutig und schwarzhaarig. Auch meine Mutter war so hellhäutig, stand aber zu Lebzeiten unter dem Schutz meines Vaters, ein anerkannter und ehrfürchtiger Krieger. Als er ging, war mein Schutz verloren. Man jagte mich, leicht bekleidet, aus dem Dorf. Ich sollte mir in der Ferne Arbeit suchen, in diesem Dorf könne ich nicht bleiben."

Sie stockte einen Moment, nahm einen Krug mit Wasser vom Nebentisch und füllte es in einen Becher, der neben dem Wasserkrug stand. Diesen trank sie bedächtig aus. Als sie den Becher zurückstellte und wieder auf dem Baumstamm Platz nahm, erzählte sie weiter:

„Es war Sommer, als ich loszog. Ich fand Früchte am Wegrand und auf den Feldern Reste der Ernte. Die Bäume gaben schon ihre Früchte ab, sodass ich mich gut versorgen konnte. Aber der Herbst nahte, die Kälte kam in der Nacht, ich brauchte eine Bleibe über den Winter. So wollte ich versuchen, in der Burg eine Dienststelle zu bekommen.

Ich beobachtete einen Küchengehilfen, wie er die Reste von Speisen in den Schweinetrog schüttete. Ich ging auf ihn zu, wollte ihn fragen, ob ich dort arbeiten konnte. Als er mich sah, riss er die Augen weit auf, deutete auf mich und rief etwas in einer mir nicht bekannten Sprache, drehte sich um und rannte durch die offene Tür hinter ihm, die er lautstark zuknallte. Resigniert zog ich mich in eine Nische zurück. Was sollte ich nun machen? Alle Menschen, die mich sahen, reagierten ähnlich, teils ängstlich, teils aggressiv.

Ich weinte leise vor mich hin, ich sehnte mich nach meinen Eltern, die mich so sehr geliebt hatten. Ich sehnte mich nach meinem Dorf, das mir Sicherheit gab, auch wenn man mich von dort vertrieben hatte. Und ich sehnte mich nach einem wärmenden Gewand, da es zum Abend hin schon sehr kalt wurde. Plötzlich legte man mir eine Decke um die Schultern. Ich blickte auf und sah in ein warmes, weibliches Gesicht mit liebevollen Augen. Sie nahm mich bei der Schulter und zog mich hoch, legte ihre Arme um meine Schultern und führte mich zu einem Planwagen, vor dem ein Esel gespannt war. Darin legte ich mich nieder, auf Stroh lagen Decken, die einluden, mich hineinzukuscheln. Sofort war ich eingeschlafen und bemerkte nicht, wie sich der Wagen in Bewegung setzte.

Am nächsten Morgen, ausgeschlafen und verwundert, sah ich mich in dem Raum um, in dem ich untergebracht war. Es war ein großer Raum mit einem Tisch, einigen Stühlen, einem Bett in einer Nische, einem offenen Kamin mit einem wärmenden Feuer und vor allem hingen überall Kräuter zum Trocknen, standen Gefäße und über dem Feuer hing ein kupferner Kessel, in dem es sanft köchelte. Die Frau von gestern war nicht zu sehen, aber ich spürte, dass sie in der Nähe war.

Eine rotgescheckte Katze lag auf dem Bett in der Nische, ich selbst war auf dem Boden vor dem Kamin, auf einer dicken Lage von Decken und Fellen untergebracht. Die Tür öffnete sich und im Schatten des Lichtes erschien die Frau, mit langen Haaren, einem Gewand bis zum Boden und einer Schürze. Die Art, wie sie gekleidet war, kannte ich nicht. So kleidete man sich nicht in unserem Dorf. Ich bemerkte, dass ich mein Kleidchen nicht mehr trug, sondern in einen Pelz eingewickelt war. Dieser Pelz wärmte mich und ich wollte da nicht raus.

Also tat ich so, als würde ich noch schlafen und blitzte unter halb geöffneten Augen hervor und beobachtete diese Frau. Sie ging zu ihrem Bett und streichelte die Katze und sprach mit ihr. Ich konnte ihre Worte nicht verstehen, aber sie klangen sehr liebevoll. Die Katze fing an zu schnurren und drehte sich auf den Rücken. Ich fühlte mich wohl und wollte gerne bleiben. Die Frau beobachtete mich. Hatte sie schon gemerkt, dass ich wach war und auch sie musterte? Also räkelte ich mich und tat so, als erwachte ich gerade.

Die Zeit danach war die schönste. Ich konnte bei ihr bleiben, sie nahm mich wie eine Tochter auf und ich lernte die Kräuterheilkunde von ihr. Es schien sie nicht zu stören, dass ich eine helle Haut hatte. Sie zeigte mir, wie man die Haare färben und wie ich meine Haut dunkler machen konnte.

Immer wieder kamen Leute aus dem naheliegenden Dorf, und wir hatten ein gutes Einkommen. Ich lernte vieles und alles aus der Natur. Und ich lernte, den Menschen zu vertrauen. Aber die Natur und ihre Wesen waren mir noch immer näher als die Menschen, die mich in jungen Jahren schon so verletzt hatten.

Ich hatte nach kurzer Zeit Freundschaft mit einem schwarzen Eichhörnchen geschlossen. Es kam, sich die mitgebrachten Nüsse abzuholen. Meist in den Winterzeiten, im Sommer war es mit der Aufzucht seiner Jungen beschäftigt. Sobald diese das Nest verlassen konnten, stellte es sie mir stolz vor. Die Kleinen waren neugierig und kamen ohne Scheu auf mich zu. Ihre Rangeleien und ihr Spiel erheiterten mich und ließen mich vergessen, was ich erlebt hatte. So langsam vergaß ich es sogar und widmete mich dem Leben in dieser Hütte."

Sie legte eine Atempause ein und Rheanna spürte, wie gut es ihr in dieser Zeit ergangen war und wie sie von dieser Zeit zehrte.

„Jahre vergingen und ich wurde zur Frau. Meine Ziehmutter, man nannte sie Asha, wurde älter und reifer, ihr Haar wurde grauer und so langsam tauchten Falten in ihrem Gesicht auf. Das schwarze Eichhörnchen aus meiner Jugend tauchte eines Tages nicht mehr auf, dafür blieb eines der Jungen in meiner Nähe. Ich hatte bei Asha viel gelernt und übernahm so langsam ihre Heilkunde. Die Menschen, die kamen, kannten mich und wussten um meine Ausbildung und um mein Wissen. So vertrauten sie mir, wie sie auch Asha vertrauten.

Eines Tages, Asha stand schon seit Tagen nicht mehr auf, rief sie mich zu sich und verkündete mir, dass sie bald für immer gehen werde. Es sei für sie in Ordnung, denn sie habe ein erfülltes Leben gehabt. Ich erschrak, hatte ich doch nie an diese Möglichkeit gedacht, einmal ohne sie zu sein. Aber sie beruhigte mich, ich sei die beste Nachfolgerin für sie und sie hinterlasse mir das gesamte Haus mit allen Kräutern und Tinkturen. Ich dürfe hier leben auf Lebenszeit. Und ich solle eine Nachfolgerin ausbilden und auch ihr das Haus hinterlassen. So sei es schon immer Tradition gewesen.

Ich fühlte mich erleichtert, nicht gehen zu müssen, war dies doch zu einer neuen Heimat für mich geworden. Ich versprach es ihr, sie schloss die Augen und mit einem letzten Atemzug hauchte sie das Leben aus. Ich konnte sehen und spüren, wie die Seele den Körper verließ und für die nächsten Tage in ihrer Nähe blieb. Ich wusch ihren Körper und salbte ihn mit einem Öl ein, das Asha zuvor zusammengestellt hatte. Ein Hauch von Rosen- und Lavendelduft erfüllte den Raum. Ich zog ihr ein frisches Gewand an und verbrannte das alte, das während dem Sterben getragene, im Kaminfeuer. Dann wickelte ich sie in ein Laken, verließ das Haus und ging ins Dorf zu den Leichengräbern."

Bei diesen Worten standen ihr die Tränen in den Augen. Mit dem Handrücken wischte sie sie vorsichtig weg, gerade so, als dürften sie doch noch bleiben.

„Nach zwei Tagen kamen sie zur Hütte, legten den Leichnam auf eine Bahre und trugen ihn zum Friedhof nahe dem Dorf. In der Zeit zwischen ihrem Tod und der Beerdigung kamen die Menschen vorbei, die viel mit ihr zu tun hatten, vor allem Patienten, um sich zu verabschieden. Man sah ihnen ihre Trauer an und sie brachten Gaben mit, die ihr mit aufs Totenbett gelegt werden sollten. Dies waren meist Blumen, Kräuter, Öle, Hölzer, kleine Felle und Stoffreste. Man legte alles auf ihre Bahre.

Viele Menschen, auch von weither, kamen, um von ihr Abschied zu nehmen und Gaben auf das Totenbett zu legen. Am dritten Tag versammelte man sich in den frühen Morgenstunden um das aufgebahrte Totenbett zu einem letzten Abschied, bevor die darunter aufgestapelten Holzscheite angezündet wurden. Als das Feuer gen Himmel züngelte, gewahrte ich, dass auch ihre Seele diesen irdischen Raum verlassen konnte, und ich fühlte mich erleichtert, dass das

Ritual erfolgreich durchgeführt wurde. In diesem Moment flog eine schneeweiße Eule über ihr Grab. Ich kannte sie. Aus einem anderen Leben?“

An dieser Stelle musste Rheanna schlucken. Sie dachte an Schneewind. Kommen immer weiße Eulen zu den Waldfrauen?

„In der Zeit danach musste ich mich erst daran gewöhnen, allein zu sein. Aber die Arbeit lenkte mich ab, es kamen viele Menschen zu mir, die Heilung suchten. Ich hatte immer das Gefühl, dass Asha bei mir war. Insbesondere dann, wenn ich nicht weiterwusste, schien sie meine Hand zu den richtigen Kräutern oder Tinkturen zu lenken. Sie war Lehrmeisterin über den Tod hinaus und das dankte ich ihr jeden Abend, indem ich für sie ein Kerzenlicht anzündete. Ein kurzes und leichtes Flackern zeigte mir an, dass sie anwesend war. Dann konnte ich auch mit ihr in Zwiesprache gehen. So vergingen Monate und Jahre, die Jahreszeiten kamen und vergingen. Und immer gab es ein Tier des Waldes, das mich begleitete.

Ich blieb unverheiratet, ohne Ehemann, so wie es Tradition bei uns Heilerinnen war. Und ich gönnte mir ein regelmäßiges Bad in dem kleinen Teich, nicht weit hinter der Hütte. Es hatte ein glasklares Wasser und lag sehr versteckt, sodass ich mich ohne Scheu und ohne Kleidung hineinbegeben konnte. Meist begleitete mich einer meiner Waldfreunde, für die dieses wie ein Abenteuer schien.

Die Menschen im Dorf kannten diesen Weiher nicht, da er nur durch einen ihnen nicht bekannten Höhlendurchgang, einem mit Sträuchern zugewachsenen Eingang, besucht werden konnte.

Eines Tages jedoch bemerkte ich nicht, dass ich beobachtet wurde. Dieser Jemand schlich sich hinterher und fand den Pfad zum Weiher. Ich hatte mich bereits entkleidet und entblößte meine helle Haut. In diesem Moment betrat er den kleinen Strand, an dem ich meine Kleidung abgelegt hatte und umrundete den Teich. Ich erkannte in ihm einen der Dorfbewohner, einen der grundbesitzenden Bauern. Er war kein schöner Mann, klein, rundlich mit rotem Kopf, dickem

Bauch und zu kurzen Beinen. Er glotzte mich mit seinen vom Alkohol geschwängerten Augen an.

Da er vom Höhlendurchgang entfernt stand, konnte ich meine Kleidung schnappen und direkt zum Durchgang rennen. Mit seinen kurzen Beinen kam er mir nicht nach, aber das spornte seine Gier noch mehr an. Vor der Höhle bekleidete ich mich hastig und rannte daraufhin zu meiner Hütte und versperrte mit pochendem Herzen die Tür. Was sollte ich nun tun? Er kannte mich und wusste doch, wo ich zu finden war. Würde er es bei diesem ersten Kontakt belassen? Ich sollte es darauf ankommen lassen. Da sich für heute keine Klienten ankündigten, ging ich früh schlafen, um diesen Schreck zu verdauen." Rheanna sah den Schrecken und die Entrüstung in ihren Augen. Die Schamanin brauchte einen Moment, um weiter zu erzählen.

„Am nächsten Morgen schien eine wärmende Herbstsonne, wohl zum letzten Mal für diese Zeit. Das gestern Erlebte drängte sich wie ein Schatten in den Hintergrund. Einige Menschen kamen, es gab einiges zu tun und das Ereignis verlor sich im Vergessen. Auch in den nächsten Tagen blieb es ruhig, ich spürte und sah, dass die Menschen sich mit dem Einholen der Ernte beschäftigten. Dies forderte deren volle Aufmerksamkeit. Ab und zu erschien jemand, um sich eine Schnittwunde verbinden oder für eine Prellung eine Kompresse auflegen zu lassen.

Der Herbst neigte sich dem Ende zu und die ersten Fröste der Nacht legten sich über das Land. Eine Zeit, in der viele Kinder auf die Welt kommen wollten. So herrschte auch des Nachts reger Verkehr und ich musste oft ins Dorf. Eines Abends klopfte es wieder an meine Tür. Als ich öffnete, stand der Bauer vor mir. Alle Erinnerungen kamen zurück, ich erstarrte. Was wollte er? Er stellte sofort seinen Fuß in die Tür, damit ich diese nicht schließen konnte und drückte sie mit seinem Arm auf. Ich lief zum Kamin, ergriff einen brennenden Holzscheit und gab ihm zu verstehen, sich zu verziehen. Im Lauf der nächsten Wochen kam er öfters, jedes Mal gelang es mir, ihn zu vertreiben. Aber ich wusste auch, dass dies nicht von Dauer sein konnte.

Zum Ende des Jahres, ich kam gerade vom Holzsammeln zurück, sah ich, wie eine Gruppe von Dorfbewohnern, voran der Bauer, wütend und aufgehetzt, den Hang hinauf zu meiner Hütte liefen, in jeder Hand eine brennende Fackel. Ich ließ das Brennholz fallen und versteckte mich im Wald, um nicht gesehen zu werden.

Minuten später stand meine Hütte in Flammen, angezündet von diesen aufgebrachten Dorfbewohnern. Ich hörte noch Worte wie „Hure“ und „Hexe“ bevor ich außer Reichweite dieser Menschen war. Betrübt und erschrocken suchte ich einen Unterschlupf. Ich fand eine Höhle, groß genug für einen Bären. Ich untersuchte sie und fand keine Spuren von ihm. Ich entzündete ein kleines Lagerfeuer, um der Kälte trotzen zu können und nickte ein. Plötzlich schreckte ich auf, Geräusche waren um mich herum, das Feuer war heruntergebrannt. Ich legte neue Scheite auf. Im Schein des Feuers sah ich, dass Fledermäuse durch die Höhle flogen. Entspannt drehte ich mich zur Seite und nickte wieder ein.

Wie sollte das nun weitergehen? Es war Winter, ich hatte keine Vorräte mehr, diese waren in der Hütte verbrannt. Ich hatte keine Unterkunft mehr und die Tage und Nächte konnten sehr, sehr kalt werden. Die kälteste Zeit lag noch vor mir. Konnte ich in dieser Höhle bleiben? Solang sie kein Bär in Anspruch nahm, konnte das funktionieren. Aber was war mit der Nahrung? Ich hatte nichts mehr. Und um neue anzulegen, war es zu spät. Also musste ich versuchen, zu einem anderen Dorf zu kommen, wo ich hätte arbeiten können und eine Unterkunft bekam. Doch das nächste Dorf lag mindestens drei Wegtage entfernt. Und ich war auf so einen Marsch nicht eingestellt.

Mittlerweile fegte ein Schneesturm über das Land und eine Richtung war nicht auszumachen. Wohin also? Bleiben oder gehen? Beides versprach keinen Erfolg. In der Höhle hatte ich es zumindest warm, solang ich Feuerholz fand. Bei einem Schneesturm allerdings war dies auch nicht mit Erfolg gekrönt. Ich rollte mich unter einen Felsvorsprung und überließ mich der Situation.

Anfangs legte ich noch Holz auf, dann, als keines mehr vorhanden war, dachte ich an Asha und wünschte mir, sie würde mich jetzt so salben, wie ich es bei ihrem Ableben gemacht hatte. Ich spürte ihre Hände auf meinem Körper, als sie mir das Öl in die Haut einrieb. Ich roch den Duft von Rosen und Lavendel. Aus den Nebeln sah ich die Schwarze Göttin kommen und ich spürte, wie sie mich liebevoll in ihre Arme nahm, ich atmete noch einmal tief ein und wusste, dass ich nun zu meinen Ahnen, zu meiner Seelenfamilie, zurückkehren konnte." Beide schwiegen eine lange Weile, so viel Wehmut lag in ihrer Geschichte.

„Es war nicht immer einfach, aber manche Leben waren gut. Und immer habe ich daraus etwas mitnehmen können." Sie holte tief Luft und beobachtete dabei Rheanna.

Rheanna begann nun, ihr ihre Aufgabe als Auserwählte zu erzählen, das was sie beim Luchsclan erfahren hatte und dass sie eigentlich noch nicht dazu bereit war, diese Aufgabe anzunehmen.

„Habe den Mut, wenn es dein Weg sein soll. Ich sehe es dir an, dass du zweifelst. Das ist auch richtig. Aber wenn es dir bestimmt ist, wirst du diese Pfade gehen und du wirst viele Erfahrungen machen, die wir Feen nicht machen können. Es wird nicht leicht werden. Aber du kannst Dinge tun, die uns Feen verwehrt sind. Und du kannst immer wieder Kontakt zu deiner Familie, zu deinen Freunden oder zu deinen Bäumen aufnehmen. Auch deine Wegbegleiter wirst du immer wieder treffen."

Noch lange unterhielten sich die beiden. Sie hatten so viele Gemeinsamkeiten und die Schamanin wollte alles über ihr eigenes Feenvolk erfahren. Die Nacht neigte sich dem Ende zu und die Tore der Anderswelt begannen sich wieder zu schließen. Sie musste sich beeilen und konnte dieser interessanten Frau keine weiteren Fragen stellen. Und es blieben noch immer tausend Fragen offen.

In dieser sommerlichen Zeit hatte Rheanna viel zu tun. Während der Mähzeit wurden junge Kitze und Vögel häufig von den Mähmaschinen verletzt. Vielen Kitzen war nicht mehr zu helfen und sie übergab sie der Roten Göttin. Sie war jetzt die Herrscherin in dieser Zeit als Gebärende, als Mutter und so stand sie zwischen Leben und Tod. Sie begleitete die Seelen in den Raum, in dem sie sich alle wiederfanden.

Erst am späten Abend, wenn alle versorgt waren, konnte sie über das Gespräch mit der alten Schamanin aus dem Menschenreich nachdenken. Es schien ihr zu helfen, eine Entscheidung zu treffen.

Herbst-Tagundnachtgleiche

Der Sommer war heiß und trocken. Immer noch gab es zu wenig Regen. Bäche und kleine Weiher lagen trocken. Selbst ihre eigene, kleine Quelle ließ erkennen, dass die unterirdischen Speicher der Erde leer waren. An dieser Quelle traf man sich gerne, sie lag inmitten eines Waldstückes, das bei dieser Hitze Schatten spendete. Der kleine Teich vor der Quelle lud dazu ein, mit bloßen Füssen hineinzusteigen, zu spüren, wie die Kühle des Wassers die Beine hinaufsteigt und den ganzen Körper erfrischt. Aber nun lag sie trocken.

Nun stand die Zeit der Tag- und Nachtgleiche an, an diesem Tag war das Licht des Tages und die Dunkelheit der Nacht gleich lang. Ab diesem Tag gewann die Dunkelheit wieder an Raum und die Pflanzen konnten sich zusammen mit ihren Elementarwesen in die Erde zurückziehen.

Rheanna begab sich eines Tages zum Ende des Sommers an den Rand des Waldes, um dort noch Heilkräuter zu sammeln. Wohl die letzten dieses Jahres, bevor der Herbst vollends Einzug hielt und die Nächte merklich kühler wurden. Die Eicheln und Bucheckern waren bereits zu Boden gefallen und viele Tiere des Waldes sammelten sie fleißig ein, um sie für die kommende karge Zeit zu horten und teils im Boden zu vergraben.

Plötzlich flog vor ihr ein Vogel auf, sie erschrak etwas, bis sie bemerkte, dass es der Eichelhäher war, der sich seine Backentaschen mit Eicheln gefüllt hatte. Sie begegnete ihm regelmäßig auf ihrem

Weg zur Quelle und er begrüßte sie mit einem rätschenden Geplapper. Neugierig verfolgte sie seinen Flug, er setzte sich vor ihr auf einem herausragenden Ast nieder und er beobachtete sie ebenfalls aufmerksam.

Wieder erinnerte sie der Eichelhäher daran, dass sie noch eine Entscheidung zu treffen hatte. Sie wusste auch, der Eichelhäher war die Verbindung zur Kraft der Bäume und ihrem Wesen, er war der Waldwächter. Die Eiche war ihm besonders verbunden, denn er sorgte für die Verbreitung ihrer Früchte und die Eiche wiederum versorgte ihn mit Schutz und Nahrung. Sie würde ihm immer verbunden sein. Sie nahm sich vor, sich bei ihrer Rückkehr mit Großvater Eiche zu besprechen.

Ein Eichelhäher

Einen Vogel im Garten zu haben war erst einmal nichts Ungewöhnliches, dort lebten ja viele von ihnen. Aber dieser Vogel war wohl der scheueste von allen. Allein mein Auftauchen veranlasste ihn, die Flucht zu ergreifen, während Rotkehlchen und Buntspecht noch am Futterhaus verblieben.

Lange hatte ich von seiner Existenz nichts gewusst. Das Abholen übrig gebliebener und ausgelegter Nüsse hatte ich den Eichhörnchen zugeordnet. Auf einmal waren es sechs Eichelhäher, die sich auf die Schale mit den Nüssen stürzten.

Wer hier der Boss war, konnte man nur daran erkennen, dass er auf einem darüberliegenden Ast saß, den Kopf so weit verdrehte, damit er sehen konnte, was sich in dieser Schale befand, dann als Erstes an die Schale hüpfte, gekonnt eine Erdnuss herauspickte und mit ihr im Wald verschwand, bevor sich die anderen daraus bedienen durften.

Manches Mal schienen sie sich aber nicht entscheiden zu können, welche Nuss in dieser Schale die bessere war. So wurde sie erst mal wieder fallen gelassen und eine andere Erdnuss aufgepickt. Wenn sie klein genug war, verschwand sie auch mal in seinem Kropf und eine weitere wurde mitgenommen. Einige verschwanden einfach unter der Grasnarbe, um sie später abholen zu können. Dabei mussten sie jedoch aufpassen, dass sie nicht von anderen Eichelhähern, die ebenfalls dort lebten, beobachtet wurden, denn sie stellten sich als dreiste Diebe der gerade vergrabenen Nuss heraus.

Nach einiger Zeit verließen die meisten dieser Eichelhäher meinen Garten, um sich ein neues Revier zu suchen und nur zwei von ihnen blieben dem Ort treu.

Auch wenn der Eichelhäher scheu zu sein schien, er war ja der Aufpasser und Wächter des Waldes, war seine Neugierde unbändig. Regelmäßig war er morgens immer zur gleichen Zeit am Futterhaus und ich hörte ihn, wenn er mit seinem fast schon zärtlich klingenden und rätschenden Geplapper in der Nähe war und es schien, als würde er (mich) rufen: „Wo bleiben die Nüsse? Du bist heute spät dran".

Der letzte Herbst

An einem schönen, vorherbstlichen Tag besuchte sie Großvater Eiche. Diesmal ohne Rata, denn er hatte Familienverpflichtungen.

„Großvater Eiche", begann sie zögerlich. Zärtlich rauschten seine Blätter und ein „Hmm" war leise zu vernehmen.

„Vasak, die Älteste aus dem Clan der Luchse meinte, ich sei eine Auserwählte", begann sie nach einer Weile. „Und in den Sagen meines Volkes gäbe es eine Vorhersage, dass eine Waldfrau zu den Menschen gehen wird. Sie hat die Aufgabe, den Menschen zu zeigen, dass sie ihren eigenen Planeten zerstören, Mutter Erde destruktiv ausnutzen und die Lebewesen und Naturwesen damit ausrotten." Sie wählte ihre Worte langsam und bedächtig. „Sie erhält die Aufgabe", fuhr sie fort, „den Menschen zu zeigen, wie sie mit Mutter Erde umgehen können, um sie zu retten." Großvater Eiche lauschte ihr gespannt. Es war windstill und kein Ton war zu hören. Eine Spannung lag in der Luft. Von irgendwo weither war ein Bussard zu hören.

„Bin ich die Auserwählte? Warum ich?", fragte sie sich und Großvater Eiche. „Und wenn ich es bin, was könnte ich tun? Wenn ich zu den Menschen ginge, wird es mir dann genauso ergehen, wie dieser Schamanin, die ich vor einigen Tagen traf und die den Weg zu den Menschen ging?" Ein leiser Windhauch streifte sie. „Großvater Eiche, was soll ich tun? Was ist die richtige Entscheidung?"

„Betrachte dir unser Land", begann Großvater Eiche. „Wir alle lieben es und leben mit Mutter Erde zusammen. Alle Geschöpfe ergänzen sich und haben ihre Aufgaben. Auch die Menschen und die Feen, sowie alle Naturwesen", begann er vorsichtig. „Wenn nun der Mensch, der auch sein Karma damit behaftet, weil er als Einziger in diesen Gestaltungsprozess des Lebens eingreifen kann, das Naturgegebene zerstört, so muss er erweckt werden. Oder wir verlieren uns und unsere Welt." Das waren scharfe Worte von Großvater Eiche, so kannte sie ihn nicht. „Nur du kannst entscheiden, was zu tun ist. Es ist dein Leben, das du uns anvertrauen würdest. Und wir vertrauen

auf deine Entscheidung. Auf jeden Fall werde ich immer bei dir sein, dir nahe sein, egal wie deine Entscheidung ausfallen mag."

Sie verabschiedete sich von Großvater Eiche und ging langsam und nachdenklich zu ihrer Hütte zurück. Sie warf noch einmal einen Blick auf ihre Umgebung. Würde sie all das vermissen? Doch was könnte sie bei den Menschen erwarten? Einiges an der Geschichte der Schamanin war ja sehr erwartungsvoll und neu für sie. Und wenn sie den Kontakt zu ihren Freunden und zur Familie aufrecht erhalten könnte ...? Und wenn sie Großvater Eiche wieder treffen könnte ...? Sie könnte ja irgendwann wieder hierherkommen. Würde sie ihre Hütte wiederfinden?

Die Nacht wurde unruhig, sie wälzte sich im Schlaf. Die Worte der Schamanin und von Großvater Eiche geisterten durch ihre Träume.

Der Herbst hielt Einzug. Das Laub der Bäume färbte sich rasant von den unterschiedlichsten Grüntönen nach Gelb, Orange und Rot, im Wettstreit mit den letzten Blumen des Jahres, die nochmals eine Palette an Gelb-, Weiß- und Rottönen erzeugten. Ein letztes farbliches Aufbäumen, bevor ein gleichmäßiges Braun-Grau oder Weiß das Land einfärbte.

Zu diesem Zeitpunkt kehrten alle wieder zur Hütte zurück, Bamme der Bär hatte seine junge Bärin geschwängert und war nun als Einzelgänger wieder unterwegs, Leena, die Luchsin und Ayla, die Wölfin ließen sich immer wieder mal blicken. Auch Rata kam hinzu und präsentierte stolz seine Familie. Schneewind kam zwei Tage später an. Rheanna wusste nun, was zu tun war. Sie lud ihre Gefährten zur Quelle ein und sprach lange mit ihnen über ihre Entscheidung.

„Ich werde meine Aufgabe als Auserwählte annehmen. Ich weiß zwar nicht, was mich in der Welt der Menschen empfangen wird, aber ich werde versuchen, mein Bestes zu geben, um unser aller Leben und die Welt von Mutter Natur zu retten", verkündete sie ihren Gefährten.

Erschrocken saßen alle da, aber eigentlich hatten sie es schon geahnt, dass es so kommen würde. Und nun hatte es Rheanna ausgesprochen.

Sie verkündete ihnen, dass sie die Reise noch einmal zu ihrem Volk machen werde, um den Ältesten ihre Entscheidung mitzuteilen. Die Gefährten erklärten sich bereit, sie zu begleiten. Also brachen sie erneut auf …

Sie verabschiedeten sich von Großvater Eiche, der auch schon unter der sommerlichen Dürre gelitten hatte und vorzeitig sein Blattwerk abwarf. Sanft streifte er mit seinen Zweigen den Aufbrechenden über deren Haupt. Die kleine Gruppe wandte sich in die Richtung ihres Heimatdorfes zu. Sie kannten die Strecke und die Möglichkeiten der Übernachtungen ja und so kamen sie in der ersten Höhle an. Dort zündeten sie ein kleines Feuer an und richteten ihr Nachtlager ein. Die ersten Herbststürme pfiffen über das Land, aber es war noch viel zu warm für diese Jahreszeit.

So geschah es, dass Frühjahrsblumen im Herbst noch einmal Blüten austrieben. Der Mohn blühte im Oktober ein zweites Mal. Das bedeutete für die Blumenelfen, nicht zur Ruhe kommen zu können, aber gleichzeitig alles für die Winterruhe vorbereiten zu müssen.

Der Klimawandel, der diesen Stress auslöste, war in der Anderswelt als Verwirrung zu spüren. Diese Verwirrung führte dazu, dass die Naturwesen ihre Aufgabe nicht mehr durchführten, ganz so als wüssten sie es nicht mehr, sie litten gewissermaßen unter Demenz. Hatte die Demenz der Naturwesen mit der Demenz der Menschen zu tun? Lange dachte sie darüber nach, fand aber keine Antwort, denn in ihrer Erinnerung hatte es so etwas noch nie gegeben.

Sie kamen wie einst durch einen großen und alten Wald. Jedoch hatte dieser sich verändert. Einige Bäume waren abgeholzt, teils waren die Seelen der Bäume noch an ihren Wurzeln verankert, allerdings ohne ihren Baumkörper. Sie fielen in sich zusammen und wurden immer schwärzer. Da Rheanna als Fee selbst nicht eingreifen konnte, musste sie das traurige Spiel der Natur überlassen.

Früher hatten die Menschen die Fähigkeit, beim Fällen von Bäumen die Seelen vorher zu erlösen und die Baumseelen hatten dann die Möglichkeit, sich einen neuen Baumkörper zu erwählen. Rheanna hatte schon wiederholt festgestellt, dass die Menschen das nicht mehr praktizierten. Warum sie das taten, war für Rheanna nicht verständlich. Wissen die Menschen nicht mehr davon?

Eine besondere Begegnung

Breite Spuren wälzten sich durch den Wald und über den Waldboden. Die Haut von Mutter Erde erhielt dadurch tiefste Verletzungen. Schwere Maschinen überrollten den Boden, der damit zusammengedrückt wurde. In den Fahrspuren versickerte kein Wasser mehr, es lief unkontrolliert ab und die Bäume erhielten nicht mehr das für sie notwendige Nass. Kläglich standen einige übrig gebliebene Bäume in der vom Menschen verursachten und zerstörten Landschaft und schienen sich kaum halten zu können, so als fehlten ihnen ihre Nachbarn, mit denen sie sich gegenseitig stützten und gegen Wind und Sturm bewahrten.

Die massive Rodung des Waldes reichte schon fast bis an das Feenreich „Hinter dem Wald" heran und Rheanna spürte die Bedrohung für das Dorf. Selbst ihr Heiliger Hain, in dem das Hochzeitsfest zu Beltane stattfand, wurde nicht verschont. Standen doch dort die Ältesten der alten Hüterbäume und die Weisesten, durch deren Samen das Wissen weitergetragen werden konnte. Wenn es sie nicht mehr gab, was geschah dann mit der Weisheit der Bäume? Welche Kraft trugen sie dann noch in sich? Und welche Kraft und welches Wissen konnten sie dann noch weitergeben? Die Zeit war reif für ein Umdenken. Und Rheanna spürte dies.

Aufgeregt kamen ihr die Bewohner bereits entgegen und begleiteten sie zu den Ältesten. Diese empfingen sie mit besorgter Miene.

Dann erzählte Rheanna, wie es ihr im Sommer ergangen war, was sie auf dem Weg hierher erleben und feststellen musste und welchen Entschluss sie gefasst hatte. „Ich gehe zu den Menschen!", sagte sie mit klarer Stimme. Ein Aufschrei war bei den Ältesten zu vernehmen.

„Ich werde sie lehren, ihnen zeigen, wie man mit der Natur lebt und sie respektiert. Ich werde ihnen zeigen, wie das geht und wie die Menschen das früher auch schon gemacht haben."

Sie fand kein Ende, während sie aufzählte, was man den Menschen lehren und zeigen konnte. Einige der Ältesten nickten und klatschten leise in die Hände. Welch ein Mut, hier im Feenreich alles aufzugeben und nicht zu wissen, ob man je zurückkehren würde. Und vor allem nicht zu wissen, was ihr in der Welt der Menschen begegnen würde.

Leise redeten sie miteinander und immer wieder fielen die Blicke auf sie. Der eine oder andere schüttelte den Kopf, manche nickten. Und obwohl die Feen sich telepathisch verständigten, kamen bei Rheanna nur kryptische Wortfetzen an. Sie hatten die Fähigkeit, sich vor dem „Ablauschen" zu schützen. So musste sie geduldig warten, bis sie zum Reden aufgefordert wurde.

Einige andere schüttelten den Kopf und versuchten, ihr ihr Wagnis klarzumachen. Da Rheanna keinen Kontakt zu den Menschen habe, die sie sähen, könne sie nur durch eine Geburt in die Welt der Menschen gelangen. Dazu müsse sie als Fee „sterben". Dabei würde sie jegliche Erinnerung an ihre Herkunft verlieren und sie würde einige Leben lang nicht mehr wissen, wer sie sei und dass sie aus dem Feenreich käme.

Sie erinnerte sich an die Erzählung der Schamanin zur Sonnenwende. Auch sie erzählte von den Zeiten der Erinnerung und den Zeiten, wo sie nicht wusste, woher sie kam. „Und so war es also bei der Schamanin. Sie hatte sich in einen Menschen verliebt und konnte so entscheiden, auf welcher Seite sie leben wollte", dachte sich Rheanna. Aber auch sie unterlag, nach ihrer Entscheidung bei den Menschen zu leben, dem Rhythmus der Inkarnation.

Diese Schamanin hatte ihr auch erzählt, dass man als Baby die ersten Jahre noch eine Erinnerung in sich tragen würde, doch im Rest des Lebens verliere sich diese Erinnerung, das Leben als Mensch würde erlebt und die Erinnerung bliebe vielleicht noch nebulös zurück. Irgendwann aber, sie könne es ihr aber auch nicht sagen, nach wie vielen Wiedergeburten ihre Erinnerung wieder zurückkäme.

Rheanna bedachte alle Aussagen der Ältesten, aber ihr Entschluss stand fest. Sie würde zu den Menschen gehen, als ein Kind der Menschen geboren werden und dort aufwachsen, um verstehen zu lernen, warum die Menschen mit Mutter Natur, ihrer ureigensten Mutter, so umgingen. Sie nahm sich fest vor, sich baldigst an ihre Herkunft zu erinnern.

Die Ältesten akzeptierten ihre Entscheidung und gaben ihr noch zwei Tage Zeit, sich von ihren Gefährten und ihrer Familie zu verabschieden. Lange sprach sie mit A-Iriann, ihrer Liebe in diesem Feenleben. Und sie verabschiedete sich von ihren Gefährten, Rata, Bamme, Leena, Ayla und Schneewind. Sie dankte allen, die sie auf diesem Weg bis hierher begleitet hatten. Jeder gab ihr zu verstehen, dass sie in ihrem zukünftigen menschlichen Leben immer wieder Kontakt zu ihnen aufnehmen könne, um ihre Hilfe – oder um einfach nur ihre Anwesenheit zu erbitten.

Am dritten Tag nach ihrer Entscheidung wurde sie von den Feen gewaschen und gesalbt und es wurde ihr ein Feengewand angelegt. Dieses schien silbrig-golden und lag wie eine zweite Haut über ihrem Körper. Ihre einfache Kleidung als Waldfrau wurde sorgfältig von ihrer Familie in einer Truhe verwahrt. Sie verabschiedete sich und umarmte alle.

„Mit diesem Feengewand kannst du dich immer erinnern, wer du bist und von wo du kommst. Allerdings kann es sein, wenn du es viele Leben lang nicht benutzt, dass es sich auflöst. Du wirst zu einem richtigen Zeitpunkt dann ein neues Gewand von uns bekommen.

Dann weißt du, es ist Zeit, dich an deine Heimat und an uns zu erinnern", sprach einer der Ältesten.

Dann betrat Rheanna, im Beisein der Ältesten, den Raum des Sterbens und der Geburt. Dieser war wie eine Höhle geschaffen. Von oben schien durch Öffnungen Tageslicht und versetzte den Raum in ein mildes Licht. In der Mitte stand ein steinerner Sarkophag mit einem Deckel, auf dem Inschriften eingraviert waren. Ansonsten war der Raum leer. Man überreichte ihr noch einen Eibenzweig und eine Eichel.

„Pflanze diese Eichel, dieser Baum wird dich eines Tages an dein Versprechen erinnern. Die Eiche wirst du häufig in den Heiligen Hainen antreffen, sofern sie bis dahin noch existieren werden. Die Eiche stellt Kraft und Mut dar, du wirst sie brauchen. Wenn du einen Rat oder Hilfe brauchst, wenn du etwas suchst, das du nicht benennen kannst, wenn du einen Ruf vernimmst, aber nicht weißt, woher dieser Ruf kommt oder wer dich ruft, dann gehe zu einer Eiche, frage sie und bitte um eine Antwort und um ihre Kraft, die Antwort zu verstehen und umzusetzen", sagte einer der Ältesten.

„Und lebe in der Nähe einer Eibe, sie gilt als die Hüterin der Schwelle, ein Tor zwischen Tod und Leben und sie ist eine Tür von der menschlichen Welt zurück in unsere Welt. Damit kannst du immer den Kontakt zu unserer Feenwelt herstellen.", erklärte ein anderer Ältester.

„Und nun gib uns noch dein Versprechen ab, deine Aufgabe, so gut als möglich umzusetzen. Wie du es machst, liegt ganz bei dir, an deinen Fähigkeiten und Möglichkeiten. Und versuche, dich immer wieder an dein Volk zu erinnern."

„Ich verspreche es.", antwortete Rheanna schweren Herzens, nahm Eichel und Eibenstab und führte die gefalteten Hände zum Herzen. Nun bat man Rheanna, sich in den Sarkophag zu legen und man schloss langsam den Deckel.

Die Inkarnation

In diesem Moment, als sich der Deckel verschloss, erschien der Raum in hellstem, gleißendem Licht und Rheannas Seele wanderte von einem menschlichen Pärchen zu einem anderen Pärchen. Sie konnte sich entscheiden, bei wem sie aufwachsen wollte, die mögliche Lebensgeschichte dieser Familie spulte sich wie in einem Film ab.

Dann, bei einer jungen Familie, erkannte sie die Chance, hier in der Menschheit etwas verändern zu können und ihre Seele inkarnierte sich in das gerade geborene Baby. Die Ältesten hatten Recht, sie konnte sich noch an alles erinnern, dass sie eine Waldfrau, eine Fee war und wegen einer bestimmten Aufgabe in die Welt der Menschen eingetreten war.

Doch dann wurde sie sich des Körpers bewusst, dem sie jetzt innewohnte. Dieser war noch so unvollständig, er konnte sich nicht von allein vorwärtsbewegen, ein Gefühl von Einsamkeit und Abhängigkeit überfiel sie. Als sie Hunger hatte, konnte sie nichts sagen, nur schreien. Und auch dann reagierte man nicht darauf.

Sie lag nackt, ohne Kleidung auf einem Lager, sie fror und sie schrie, um sich bemerkbar zu machen. Doch dann beugte sich jemand mit einem warmherzigen und freundlichen Gesicht über sie und wickelte sie in ein Laken.

„Ah, ist das schön, wenn das so weitergeht, werde ich ein schönes Leben haben. Es ist jemand da, der sich um mich kümmert und mich versorgt“, dachte sie. Und Rheanna hoffte, schon bald damit ihre Aufgabe als Mitglied dieser Familie umsetzen zu können und das gegebene Versprechen gegenüber den Feen einzuhalten.

Doch das Leben sollte nicht so leicht und einfach mit ihr umgehen. Viele, viele Male kam sie als Mensch wieder auf die Welt, jedes Mal mit derselben Aufgabe, aber mit neuer oder ähnlicher Familienbesetzung und mit neuen Vorzeichen. Sie wusste irgendwann nicht mehr, wie oft sie eigentlich schon inkarniert war und langsam vergaß sie, wo sie herkam und vor allem, welche Aufgabe sie mitgebracht hatte.

Das Leben der Menschen hatte sich stark in ihrer Seele eingeprägt, Wunden und Schmerzen hinterlassen, aber auch Freude und Liebe. Es gab Leben, da verleugnete sie, so wie die anderen Menschen, die Existenz der Anderswelt und Mutter Natur. Und es gab ein Leben, da extrahierte sie sogar ihre Aufgabe, die sie aus dem Feenreich mitgebracht hatte, nur um in diesem Teil der Welt überleben zu können. Und so verschwand der Drang, diese Aufgabe zu erfüllen und umzusetzen und das in nur einem Leben. Wo sie sich doch so viele Leben zuvor an diese Aufgabe geklammert hatte.

Und es gab Leben, da lebte sie sehr nahe am Reich der Naturwesen, musste dafür jedoch ihr Leben als ketzerische Hexe auf dem Scheiterhaufen aushauchen. Die Kriege unter den Protestanten mit den Katholiken verdammten sie zur Verleugnung ihres Frauseins, da sie ansonsten entwürdigt und entehrt ihr Leben im Feuer verlor.

Und es gab ein Leben, da lebte sie sehr, sehr glücklich in einem Land, in der Nähe ihres Feen-Ursprungs, ohne es jedoch zu wissen und hatte in dieser Zeit Zugriff auf ihre ursprünglichen Fähigkeiten als Heilerin und Schamanin. Dies war wohl ihre schönste Zeit, in der sie sich mit ihrer Heimat verbunden fühlte.

Kapitel 2 – Wie alles begann

Im Wald von Mont St. Odile

Tief vergrub ich das Gesicht in den Waldboden. In diesem Seminar ging es um eine Übung, sich für den Menschen unsichtbar zu machen, mit der Umgebung oder einem Objekt zu verschmelzen. Die Zeit verging und es schien, als würde ich nie gefunden werden. Ich drückte mich immer tiefer unter den Farn und ich atmete den leicht modrigen Geruch des Waldbodens ein. Er kam mir so bekannt vor, es war ein Geruch, der Erinnerungen an etwas auslöste, das ich kannte, aber nicht beschreiben konnte und doch auch nicht aus meinem jetzigen Leben kannte.

Als man uns zurückrief, wollte ich noch nicht fort von diesem Ort, der mir wie eine andere, aber neue und trotzdem altbekannte Welt vorkam. Ich fühlte mich versetzt in eine andere Zeit, oder an einen anderen Ort? Ich war wie ein Wesen aus diesem Wald. Alles so vertraut und doch so neu. Wo und wer war ich da? Ich verstand damals noch nicht, was ich erlebt hatte und was mich innerlich so aufwühlte.

In der Zwischenzeit habe ich diese Ausbildung abgeschlossen. Aber es blieb noch immer so etwas Unzufriedenes und Unvollständiges und Unbeantwortetes zurück.

Jahre zuvor

Ende der 90er-Jahre nahm ich an einem Seminar mit einem Nürnberger Geomanten teil. Darin ging es um die Bäume, ihre Charakteristika, ihre Mentalität und ihre Verbindung zu den Planeten. Bei einem Besuch der Bäume vor Ort und der Kontaktaufnahme zu einer großen, alten Eiche erhielt ich folgende Botschaft: „Erinnere dich, was du versprochen hast!". Das waren die Worte dieses alten Baumes, vor über 30 Jahren, ich nannte ihn seit dieser Zeit Großvater Eiche. Ich war erschrocken. Was hatte ich WEM versprochen? Und vor allem WAS? Ich ging jahrelang auf die Suche nach diesem Versprechen. Bei allen Seminaren, wo es um Natur und Naturwesen ging, stellte ich mir und dem Dozenten dieselben Fragen. Aber die konnte mir damals keiner beantworten, die Zeit war damals noch nicht reif dafür.

Ein Seminar folgte dem anderen, eine Ausbildung der anderen. Immer auf der Suche nach einer Erklärung für diese zwei Fragen: Was habe ich wem versprochen und was war das im Wald von Mont St. Odile? Bis zu dem Tag, als ich einen Bericht in die Hände bekam, worin eine Frau davon erzählte, wie sie sich als Waldfrau im Wald wiederfand. Ich fühlte mich sofort angesprochen und berührt, aber noch mehr Unklarheiten, andere Fragen tauchten auf. Was ist eine Waldfrau? Wo lebt sie? Spüre ich sie in mir und warum? Habe ich Anteile einer zweiten Seele in mir? Viele, viele Fragen, die erst recht nicht beantwortet werden konnten.

Die Bäume

Schon als Kind saß ich liebend gern im Birnbaum meines Großvaters. Er gab mir Geborgenheit und Sicherheit. Als Stadtkind hatte ich sonst keine großen Berührungen mit Bäumen. Wir Kinder mussten am Wochenende mit der Mutter und ihrem Freund, meine Schwester und ich waren Scheidungskinder aus den 70er-Jahren, auf Wanderungen in die umliegenden Wälder mitgehen. Das war eher ein Hinterherlaufen hinter den Erwachsenen als eine Kontaktaufnahme zu den Wesen des Waldes. Und ich interessierte mich damals mehr für die Steine am Boden als für die Bäume im Wald. Die Vorliebe für diesen Birnbaum in meines Großvaters Garten wurde mir erst viele Jahre später bewusst.

Als ich anfing, mich spirituell zu entwickeln, erkannte ich das Potenzial von Baumfreundschaften und ihre ganz eigenen und unterschiedlichen Wesensarten. In diese Zeit fällt auch der Hinweis von Großvater Eiche. Nun fragte ich mich immer wieder, warum kam diese Botschaft zu mir? Warum ich? Erste zarte Freundschaften mit den Linden begannen. Dann mit den Ahörnchen und den Buchen. Die Eichen waren mir immer erst einmal zu zurückhaltend, bis auf dieses eine Mal Mitte der 1990er-Jahre, als die unmissverständliche Botschaft von der alten Eiche an mich herangetragen wurde.

Und ich begann langsam, die unterschiedlichen Eigenschaften der Bäume kennenzulernen. Gerne ging ich in den Wald. Gespräche mit ihnen begannen und weitere Botschaften stellten sich ein. Jedoch niemals so prägnant wie zuvor.

Sehnsucht

Die Sterne riefen mich jeden Abend aufs Neue „Komme nach Hause." Ich schlief mehrere Jahre von März bis November auf dem Balkon, mit Blick auf den Sternenhimmel und mit der Sehnsucht zu ihnen. Was trieb mich dorthin? Ich fand keine Worte dazu. Ich konnte dies aber auch den wenigsten Menschen erzählen, sie konnten diese Sehnsucht nicht verstehen.

Dann begann eine Zeit des Lernens. Ich beschloss, im Alter von 43 Jahren, das Architekturstudium an der Technischen Hochschule in Nürnberg zu absolvieren. Nach neun Semestern hatte ich stolz das Diplomzeugnis in der Hand. Trotzdem gab es noch immer einen leeren, blinden Fleck, der nicht ausgefüllt war. Allerdings wurde er überdeckt durch die neue Tätigkeit und fiel damit erst einmal nicht auf. Bis zu diesem Zeitpunkt, als ich es wieder mit den Bäumen, restriktive mit der Natur zu tun bekam. Ich trat in die Geomantieausbildung ein und über einen Zeitraum von 2½ Jahren wurde ich immer wieder mit meinen offenen Fragen konfrontiert. Am Ende dieser Ausbildung war ich frustriert, noch immer keine Antworten erhalten zu haben und glaubte, meine davor erworbenen Fähigkeiten der Wahrnehmung „verloren" zu haben.

Irland

Ende der 1990er-Jahre reiste ich mit einer Gruppe das erste Mal nach Irland. Der Bus mit 51 Teilnehmern brachte uns von England über Irland in die Bretagne. Vorbei an mystischen Stätten und Kraftorten. Ich las die ersten Bücher über Elementarwesen, lernte sie dort kennen und die Erfahrungen auf dieser Reise waren der Einstieg in die Welt der Naturwesen- und Anderswelt.

Finanzielle und existenzielle Probleme katapultierten mich kurze Zeit später in die manifestierte Welt zurück und die Welt der Bäume, die Anderswelt und die Elementarwesen verblieben nur noch in schwacher Erinnerung.

Allerdings begleitete ich eine Zeit lang später eine Gruppe bei Erdheilungszeremonien in und um Nürnberg herum. Dadurch bekam ich wieder Berührung mit der Anderswelt. Und schemenhaft tauchte die Erinnerung erneut auf.

Fast 20 Jahre später hatte ich eine neue Chance, nach Irland zu reisen. Diese Reise sollte zu einem ausschlaggebenden Ereignis führen. Unsere Gruppe wurde von den Seminarleiterinnen in eine Wiese geführt, auf der im freien Gelände ein riesiger Weißdornbaum stand. Die Krone hatte mehrere Meter Durchmesser, und an der Dekoration der Äste mit Bändern und Talismanen war schon erkennbar, dass dies ein alter Feenbaum war. Geschmückt mit bunten Bändern, jedes steht für einen Wunsch, eine Bitte oder einen Dank. Unter diesem Weißdornbaum erhielt ich während der Meditation ein Geschenk. Mir wurde ein Gewand direkt an den Körper gewebt, beginnend an der linken Hüfte zu den Schultern bis hinauf an den Kopf und wieder abwärts zu den Füßen, maßgeschneidert, wie ein Strumpf enganliegend. Zuletzt erhielt ich noch Flügel, die allerdings noch nicht so richtig gehorchen wollten. Zwei Tage später aktivierte eine gesangsbegabte Teilnehmerin unbewusst dieses Gewand durch ihren Gesang. Sie selbst kannte die Worte nicht, die sie sang. War es ein Feengesang aus der Anderswelt, der durch sie gesungen wurde? Dieses Gewand erleuchtete in einem herrlichen silbrigen Gold. Man gab mir zu verstehen, dass es die Feen waren, die mir dieses Gewand angelegt hatten und sie teilten mir mit, dass ich an diesem Feengewand immer erkannt werden würde. Ich weiß nicht, wer mir das mitteilte, ich wusste es einfach. Man fragte mich, nein forderte mich zu einer Gemeinsamkeit, einer Zusammenarbeit, auf. Ja klar, dachte ich mir, nichts lieber als das, wenn ich doch damit eine Antwort auf meine vielen Fragen finden konnte. Noch ahnte ich nicht, was dies bedeuten sollte und welche „Verantwortung“ ich damit übernehmen würde. Ich fühlte mich von der Ehre über dieses Geschenk ergriffen. „Gibt es noch mehr Menschen mit solch einem Feengewand?“, fragte ich mich immer wieder.

Die Stein- und Drachenwesen

Bei einem Spaziergang in dem Wald hinter meiner Wohnung fragte ich am Waldrand eine Buche nach dem Weg. Diese Buche war wie ein Wächter und stand an einer Weggabelung. An diesem Tag wollte ich nicht den gewohnten Weg gehen, irgendjemand oder irgendetwas rief mich. Er schickte mich zu einem Platz, der eigentlich vom Weg aus nicht sichtbar ist, er schickte es mir als Bild, als eine Vision. Erst als ich mich auf diesem Platz niedergelassen hatte, angelehnt an einem mächtigen Felsen, offenbarte sich das erste Steinwesen. Zwischen zwei Bäumen, die die Form eines Tores bildeten, war ein Wesen mit einem wunderschönen Gesicht zu erkennen. Bei der Frage, mit wem ich es zu tun hätte, offenbarte es mir ein Bild, das einen Reiter auf den Schultern eines Drachen zeigte. Da ein Drachenreiter nicht ohne seinen Drachen sein würde, fragte ich nach ihm und entdeckte ihn in nächster Nähe. Mit diesen beiden, dem Drachenreiter und seinem Drachen, habe ich später immer wieder einige Flüge über das Land machen können und einiges Erstaunliche dabei erfahren.

Baum-, Drachen- und Steinwesen können miteinander kommunizieren. Das erfuhr ich viele Jahre später und ich werde noch davon erzählen.

Der Luchs

Auf der Suche nach weiteren Antworten und Erkenntnissen begann ich drei Jahre nach Beendigung der Geomantieausbildung eine Geokulturausbildung. Es war wie ein Sog und ich wusste, es war richtig. Während eines Seminars kamen unsere Krafttiere zu uns, die uns in dieser Zeit und darüber hinaus begleiteten. Zu mir kam der Luchs. Sehr bezeichnend. Der Hüter von Geheimnissen der Erde. Als nachtaktives Tier mit seinen scharfen Augen und seinem feinen Gehör hat er mich damals schon einige Male auf Nachtwanderungen begleitet. Ich bin fast nachtblind und war in diesen Nächten auf sein Gespür angewiesen. Ich konnte mich vollends auf ihn verlassen und stolperte kein einziges Mal.

Aus Dankbarkeit über diese damaligen Begleitungen hatte ich 2016 in einem Wildpark die Patenschaft für ein Luchsbaby übernommen, der dann leider an einen anderen Wildpark überstellt wurde. Noch heute begleitet mich der Luchs als mein Krafttier.

Der Eichelhäher

Seit Wochen tauchte ein Eichelhäher-Pärchen in meiner näheren Umgebung regelmäßig auf. Das wäre mir zuerst nicht aufgefallen, wäre nicht ein Eichelhäher bei einem anderen Ortstermin direkt vor mir aufgeflogen. Ich erkundigte mich und fand heraus, dass der Eichelhäher uns lehrt, im Leben nicht nur rational zu denken, sondern sich emotional und intuitiv auf das Leben einzulassen und so die Geisteskraft in Tatkraft umzuwandeln.

Er ist Wächter des Waldes und der heiligen Haine. Als Hüter der Eichen ist er ein starker Begleiter in der Anderswelt und kann auch ein Hinweis sein, mit der Anderswelt in Kontakt zu treten, da dort vielleicht eine Botschaft wartet. Das brachte mich zum Nachdenken, denn es war Großvater Eiche, der mir die Botschaft übergab, nicht zu vergessen und mich an mein Versprechen zu erinnern. Wollen auch sie mich noch einmal erinnern?

Da ich am Waldrand wohne, bemerkte ich, wie die Eichelhäher ihre Umgebung beobachteten und die Wesen des Waldes vor Eindringlingen und Gefahren mit ihren markanten Rufen warnten. War sein Ruf ein Ruf aus der Anderswelt? Und wen rief er, rief er mich?

Die Waldfrau

Ich hatte nach all diesen Erfahrungen noch immer keine Übersetzung oder Erklärung für den Begriff der Waldfrau gefunden. Sie geisterte in meiner Erinnerung und wurde zwar jeden Tag ein Stück präsenter, jedoch ohne ihre wahre Wesenheit kundzutun. Aber unsere Welt wurde reifer und transparenter, immer mehr Menschen wachten auf und die Tore zur Anderswelt standen immer öfter offen. Und so sollte es eines Tages offenbar werden, wer oder was die Waldfrau sein oder bedeuten könnte.

Drei Jahre später konnte ich wieder an einer Reise nach Irland teilnehmen. In das Land des Grals und der Feen.

In einem dieser Seminarmanuskripte las ich, dass die Waldfrau zu dem Reich der Feen gehöre, also selbst eine Fee sei. Ich war überrascht. In dem Seminarskript war folgendes über die Feen zu lesen:

„Menschen und Feen waren ein Volk mit gleichen Wurzeln. Während die Feen keine Ausformungen haben, sind die Menschen körperlich. Damit entsprechen sie unserem ätherischen Körper. Und sie kommen beide von den Sternen. Die Feen sind in der Verbundenheit mit dem Kosmos und die Hüter der Erde."

Was bedeutete das nun konkret für mich? Kam ich aus dem Reich der Feen? Warum war ich Mensch? Wo gehörte ich nun hin? Bin ich zu den Menschen gegangen und warum? Habe ich damals, als ich zu den Menschen ging, den Bäumen etwas versprochen? Was habe ich ihnen versprochen? Die ersten Ahnungen und Vermutungen stiegen in mir empor. Nun wurde mir einiges klar. Daher auch meine Sehnsucht, zu den Sternen zurückkehren zu wollen.

An dem Ort unserer Unterkunft befand sich in nächster Nähe ein Feenhain. Ein Feenhain ist ein meist mit einer Mauer geschützter Wald, in dem sich heilige und alte Bäume befinden. In diesem geheiligten Hain versammeln sich die Wesen der Anderswelt, denn dort haben sie die Möglichkeit, sich in diesem geschützten Areal den Menschen zu zeigen. Es bedarf einer zarten Achtsamkeit beim Betreten dieses Haines.

Bei meinem ersten Besuch in diesem Feenhain bat ich in der Meditation um einen Feenführer. So als hätte er schon darauf gewartet, war er schnell da und stellte sich mir vor, sein Name war

A-Iriann. Er war mir von Anfang an sehr vertraut, wie ein Freund, aber aus der anderen Welt. Hochgewachsen, eine luzide Erscheinung, silbrig glänzendes, langes Haar, das Gesicht war markant und nach menschlichem Ermessen als ausdrucksstark und feminin zu beschreiben. Später sollte ich ihn noch besser kennenlernen.

„Können Feen bzw. die Waldfrauen die Sprache der Drachen, Baum- und Steinwesen verstehen und kann ich als Mensch das Sprachrohr sein? Und warum kann ich sie verstehen?", fragte ich ihn. Schon einige Male war ich wie ein Channel-Medium für Wesen aus der Anderswelt gewesen.

Ich befand mich u.a. im Jahre 2014 auf dem Seminar „Die lebendigen Organe der Landschaft" mit einer Gruppe in den drei Kaiserbergen, Hohenstaufen, Rechberg und Stuifen (Zeugenberge der Schwäbischen Alb). Der Hohenstaufen bildet sich in der Landschaft wie ein Drachenrücken ab. Auf einem hochenergetischen Punkt, im Bereich des Herzchakras dieses Berges, direkt am Rand der Burgruine Hohenstaufen, befand sich ein Einstrahlpunkt. Dies kann man sich so vorstellen, dass kosmische Energie gebündelt, wie durch eine Röhre, in das Erdinnere einstrahlt. An einer anderen Stelle gibt es dann auch wieder einen Ausstrahlpunkt. An diesem Einstrahlpunkt machten wir unsere Mediation. Dort bekam ich während der Meditation Kontakt zum Drachen des Berges. Ich spürte, wie er durch mich sprechen wollte.

Ich hörte und sprach seine Worte: „Ihr habt den ersten Schritt schon gemacht, ihr seid zu uns gekommen. Ich bin der Drache dieses Berges. Ich habe mich über euren Besuch gefreut. Wir würden uns wünschen, wenn viele von euch kämen, die uns wahrnehmen, die mit uns sprechen, die sich mit uns austauschen."

Durch unsere Arbeit zur Öffnung des blockierten Herzchakras konnte die Sonne wieder in das Chakra einfließen und die Drachen konnten auch wieder ihren Berg verlassen, in dem sie vorher eingesperrt waren. Ich erinnerte mich an ein Lied von einer deutschen Band – „Drachen sollen Fliegen".

Weitere Channelings folgten, aber diese werden eine andere Geschichte in einem anderen Buch sein.

A-Iriann antwortete mir auf seine telepathische Art sinngemäß: „Drachen, Bäume, Steinwesen und alle Naturgeister sind Wesen aus der Anderswelt und damit genauso ätherisch wie wir Feen selbst. Du hast die Fähigkeit, sie zu verstehen und mit ihnen zu kommunizieren." Aha. Ich wusste zwar noch nicht, wieso oder warum, aber ich beließ es erst einmal dabei.

Samhain

„Wie ist das eigentlich, wenn die Räume zwischen den Welten durchlässig werden?", fragte ich mich in der Zeit zwischen den Zeiten. In dieser Zeit, die bekannt ist als die Zeit der Raunächte, in der Zeit zwischen Weihnachten und der Heiligen Drei Könige. Dann, wenn die Wesen aus den Naturreichen durch die Augen der Menschen schauen konnten? Und die Menschen durch die Augen der Naturwesen?

War das so, als ich damals der Göttin auf der Landschaftsinsel in Berlin die Schönheit der Welt zeigen konnte? Wie schön es war, wenn eine Fledermaus in den Abendstunden fliegt. Durch meine Vorstellung konnte ich es ihr zeigen. Oder als ich die Energieblitze zwischen den Blättern wahrnehmen konnte, nachdem ich mir das heilige Wasser der St. Odile am Odilienberg im Elsass in die Augen träufelte. Nein, es schien anders zu sein. Damals schaute man nicht durch meine Augen. Ich gab ihnen durch meine Visualisierung ein Bild der Welt, des Momentes. Nun war ich ein Kanal. Aber ich musste es auch zulassen können. Konnte ich das? Wer klopfte an? Wer wollte meine Augen nutzen? Wer mochte in unsere Welt blicken?

Ich sitze bei Maria, in einem Ristorante mit den besten Nudelgerichten der Region. Und ich spüre Rheanna, sie ist ein Teil von mir, die Waldfrau, die ich in mir spüre, die Waldfrau, die mir die Welt der Naturwesen zeigt und mich mit nach Hause mitnehmen kann, in meine Welt der Feen, in meine Heimat. Jetzt in dieser Zeit mehr denn je, wenn die Tore durchlässig sind.

Und ich treffe dort A-Iriann wieder, meinen Feenführer. Mit ihm verbindet mich vieles, Erinnerungen, Emotionen, Heimat, Familie, Liebe. Ist das die Liebe, nach der ich mich sehne, die berührbare, erfüllte und wahre Liebe, die nur unter den Liebenden so verspürt wird?

In der Zeit der Raunächte ist das so, als blicke man durch einen Vorhang in einen anderen Raum. Dort wo sich auch in einer anderen Zeit und in einem anderen Raum eine eigene, die eigene Geschichte abspielt. Eine Geschichte wie in einer parallelen Welt. Es berührt, da es die eigene Welt ist. Es berührt, da es die ureigene Familie ist, in der man sich wiederfindet. Es berührt, da es die Heimat ist, aus der man kommt und in dessen Landschaft man eintaucht. Und man trifft dort Wesen, die einem etwas bedeuten und für mich sehr bedeutungsvoll sind. So ein Wesen ist

A-Iriann. Eine Fee, sehr weiblich und mit maskulinen Zügen, Botschafter und Vermittler. Und ein Wesen, das mich emotional sehr anspricht. Ich bin in meinem jetzigen Leben als Mensch nicht besonders mit erfüllenden Beziehungen gesegnet gewesen. Daraufhin habe ich entschieden, alleine zu bleiben. Was verbindet mich denn nun mit A-Iriann? Warum kommt er zu mir als Führer? Wohl nicht nur, weil es eine seiner Aufgaben ist? Er ist dann immer zur Verfügung, wenn ich ihn rufe, wenn ich ihn brauche. Und was verbindet Rheanna mit A-Iriann?

Bin ich eine von denen, die nicht mehr zurückgekehrt ist? Warum kehren die Feen nicht mehr zurück? Warum können wir uns daran nicht erinnern? Gibt es noch mehr von uns? Wie können wir uns erkennen? Wie viele von uns gibt es denn, oder bin ich die Einzige? Anstatt Antworten zu erhalten, stürzen tausend Fragen über mich herein.

Im Eibenhain

Einige Jahre lebte ich in einem Haus mit vielen Eiben im Garten, hatte jedoch noch keinen Kontakt zu ihnen aufgenommen, denn sie waren auch nicht gerade sehr gesprächig. Bei dieser dritten Irlandreise wurden wir zu einer Meditation in einem alten Eibenhain eingeladen.

Zuvor besuchten wir in Clonfert im County Galway die dortige Kathedrale. Am Ostbogen sind einige Figuren eingemeißelt, Engel, Drache und Seejungfrau. In der rechten Hand hält die Meerjungfrau etwas, das wie ein Buch aussehen könnte. Um ihren Bauch trägt sie einen Gürtel mit einem großen Ring. Sie hat langes Haar, zwei Rücken- und eine Schwanzflosse. In ihren Geschichten können sie nur durch die Liebe eines menschlichen Gemahls von ihrem Schicksal, was auch immer das sein mag, befreit werden. Beim meditativen Zwiegespräch erhielt ich durch diese steinerne Meerjungfrau eine Botschaft zu meiner Bitte, mich in die Mysterien einzuweisen. Diese Botschaft lautete: „Gehe in den Heiligen Hain." Auf meine Frage an die Seejungfrau nach der Einweihung in die Mysterien erhielt ich die Antwort, dass ich sie als Waldfrau schon erhalten habe und jederzeit darauf zugreifen könne. Aus diesem Grund hätte ich das Feengewand erhalten. Meine Neugierde war jetzt gänzlich geweckt.

Nun war ich in dem Heiligen Hain und wandelte den Weg auf und ab, bestaunte ehrfürchtig diese Riesen. Große, uralte Eiben säumten den Weg. Ein Hain, in dem die Heiligkeit und die Spiritualität des Raumes zu spüren war in dem Moment, wo man den Hain, einen Tempel der Natur, betrat. Man wird leise und spürt diesen göttlichen Funken, der uns berührt und voller Ehrfurcht begrüßt man diese Ältesten. Nie habe ich Eiben in dieser Menge, Größe und Präsenz gesehen. Tore zwischen Tod und Leben. Irgendwo in einem Buch habe ich einmal gelesen, der Heilige Hain sei ein Bewusstseinszustand und nur, wer die Heiligkeit der Natur wahrnehmen kann, sieht den Heiligen Hain mit den Augen und dem Herzen. Ich war davon erfüllt, mein Herz quoll über von dieser heilenden und heiligen Wirkung.

Ich suchte mir eine Eibe aus, nein sie lud mich ein, an ihren mächtigen Wurzeln Platz zu nehmen. Sie erwartete mich bereits. Unsere Seminarleiterinnen begannen mit Flöte und Trommel. Die meditative Reise ging los. Ich bekam gut Kontakt zu meiner Eibe und von ihr erging auch die Aufforderung, mich an mein Feengewand zu erinnern und es zu aktivieren. Ich war überrascht, sie wusste davon?

„Ja, na klar, die Eibe ist das Tor zur Anderswelt und wir sind hier in einem Heiligen Hain. Warum sollten die Andersweltwesen nichts davon wissen?", dachte ich mir.

Ich betrachtete mein silbrig-goldglänzendes Gewand, das sich aktivierte und zu leuchten begann. Zugleich war ich integriert in den Wald, ein Wesen des Waldes und ein Teil der Natur. Ich nahm die Umgebung wie hinter einem transluzenten Schleier wahr. So als sei ich nie weg gewesen. Ich lud A-Iriann ein, mich auf meiner

Reise zu begleiten. Ich bewegte mich von Baum zu Baum und begrüßte sie alle. Sie erkannten mich als Waldfrau.

Mich als Mensch beschäftigte die Frage, wie ich beides, der Mensch von heute und die Waldfrau von früher, in meinem jetzigen Dasein leben kann. Sie, die Wesen des Waldes, zeigten mir, dass es nur in einem beidseitigen Miteinander ginge, sie zeigten mir, wie die Seele eines Baumes und der Baum selbst miteinander interagierte. Keiner ist vom anderen getrennt, sie sind eine Einheit. Die Baumseele ermöglicht dem Baum, das Lebendige zu sein und der Baum bietet seiner Seele den Raum, sich darin niederzulassen und durch ihn zu wirken. Und trotzdem sind sie zwei Teile eines Lebens.

Ich begann zu verstehen. Und ich erkannte, dass ich nicht nur als die Eine (Waldfrau) oder die Andere (Mensch) leben konnte, sondern nur als Beide gleichsam. Ich, als Mensch, könnte von einem Naturraum zum anderen gehen und damit auf beiden Seiten etwas tun. Die Waldfrau kann nicht direkt im Reich der Menschen wirken, aber der Mensch kann auf bzw. in die Anderswelt einwirken.

Auch wurde mir das Thema Familie präsent gemacht. Bäume produzieren in ihrem Leben unendlich viele Samen. Kann ein Samen keimen, wird dieser Sprössling durch den Mutterbaum über die Wurzeln versorgt. Im Schutz des mächtigen Baumes können sich die Sprösslinge entfalten. Sie bilden damit auch eine gewisse Familie mit einer Familienbindung. Auch A-Iriann zeigte mir die Dimensionen ihres Familienlebens, wo die Eltern für den Nachwuchs einstehen und sie sich sorgen, ohne dass ein Zwang, aber eine lebenslange Verbundenheit entsteht. Ich bin in diesem menschlichen Leben daran gescheitert, was in der Feenwelt selbstverständlich ist. Durch das Single-Leben in der Menschheit geht die Verbundenheit verloren, das Miteinandersein, das Zueinanderstehen.

Viele Lebewesen stehen in einem Familienverbund zusammen, nur der Mensch trennt sich von Seinesgleichen. Mein Versuch, in der Menschenwelt Familie zu leben oder zusammenzuführen, ging vollends schief und ich blieb „erfolgreicher und alleinerziehender Single“

mit Sohn. Habe ich als Waldfrau ein anderes Gefühl und eine andere Vorstellung von Familie als die Menschen in der Menschenwelt?

Dieses Erlebnis in der Meditation war erst der Anfang zu der Erinnerung, zu der mich vor vielen Jahren Großvater Eiche aufforderte.

Ein heiliger Hain

Beim zweiten Besuch am späten Abend im Feenhain begleiteten uns Flöte und Trommel von Carla und Michaela, unseren Seminarleiterinnen, einige Teilnehmende summten. Mein Feenfreund A-Iriann gesellte sich zu mir. Der Waldboden raschelte, ich hörte jemanden gehen. Ich bat A-Iriann, mich zu meiner Familie, zu meinem Volk zu bringen. Wir brachen zu einer gemeinsamen Reise auf …

Als ich im Hain erwachte, waren alle Teilnehmenden weg und ich hatte keinerlei Zeitgefühl. Wir gingen gegen 22:30 in den Hain hinein und wie lange ich da lag, wusste ich nicht. Ich hatte weder Uhr noch ein Handy dabei. Mich überrollte die Angst des Alleingelassenseins. Das Hotel war in der Nähe zu sehen, aber alle Lichter waren gelöscht. „Komme ich noch ins Haus?“, fragte ich mich.

Hastig versuchte ich, meine Decke in den Rucksack einzupacken. Irgendwie wollte das nicht so richtig funktionieren. Ich wurde nervös, ich sehe nachts sehr schlecht. Ich bat mein Krafttier, den Luchs, um Begleitung und begab mich mit ihm durch die fast dunkle Nacht zurück. Ich war überrascht, dass niemand an den Lagerfeuern saß, wie ich es erwartet hätte und fragte mich, ob ich in der richtigen Zeit gelandet sei. Genau in diesem Moment, als ich am Hotel ankam, öffnete jemand die Tür und so konnte ich hineinschlupfen. Es war nach Mitternacht. Ich hörte in der Ferne einen Waldkauz rufen „Huu-hu-huhuhuhuu“.

Da ich mich nicht an die Reise zu meiner Feenfamilie erinnerte und auch der Stress bei der Rückkehr zum Hotel jegliche Erinnerung verblassen ließ, konnte ich erst einige Wochen später mir diese

Geschichte mithilfe des Schreibens zurückholen. Über die vielen Male, in denen ich an dieser Geschichte Stück für Stück weiterschrieb, kamen neue Erinnerungen, und neue Tore der Erkenntnis öffneten sich. Erst nachdem dieses Buch fertig war, erfuhr ich, wer sie, Rheanna, ist und wer ich bin.

Und das ist nun mein Leben, meine Seelenreise mit und durch

Rheanna

Kapitel 3 – In der Welt der Menschen

Dartmoor

Vor einigen Jahren reservierte ich mir eine Woche im September. Eigentlich hatte ich vor, in dieser Woche zum Schreiben dieses Buches in eine kleine Hütte zu fahren. Aus beruflichen Gründen hatte ich dies aber noch nicht gebucht. Dann kam der Anruf eines Freundes, bei einer Reise ins Dartmoor sei noch ein Platz frei. Ob ich Interesse habe? Drei Wochen vor Reisebeginn? Ich registrierte nur, dass der Reisetermin genau in der freigehaltenen „Schreibwoche“ lag. Auch ein Flug stand zur Verfügung. Fügung? Ich sagte spontan zu.

Ich landete in London Heathrow auf dem Flughafen, um diese Reise ins Dartmoor anzutreten. Zu diesem Zeitpunkt wusste ich nicht, warum ich bei dieser Reise überhaupt dabei sein sollte. Es ereilte mich ein unbewusster Ruf, diese Fahrt in dieses Land zu unternehmen. England war nie mein Reiseland und so war es bis zum Schluss fraglich, warum es gerade dieses Land, diese Region sein sollte. In Irland und Frankreich war ich mit Leidenschaft dabei, aber niemals Great Britain. Entsprechend emotionslos, doch aber interessiert nahm ich an den Ausflügen teil, gerade weil ich auch wusste, dass der Veranstalter gute und wertvolle geomantische Reisen anbot.

Die mangelnde Begeisterung änderte sich allerdings, als ich die ersten Wahrnehmungen am „Mis Tor“, einem Hügel mit einem Felsvorsprung, erhielt. In einer Meditation auf dem Plateau war ich tief in den Felsen hineinversunken, reiste vorbei an dem Reich der Zwerge, sah auf der Plattform des Berges im Steinkreis einen Schamanen am Lagerfeuer sitzen und eine Pfeife rauchen. Über den Steinen des Steinkreises kreiste mein zweites Krafttier, der Bussard, er trug eine Botschaft, rief sie mir zu. Verstand ich sie? Nein. Aber er zeigte mir gedanklich die Strukturen von „Mis Tor“, sie waren energetisch, verwebt und verbunden mit dem Land, die Strukturen waren wie ein U-Bahn-Schacht, indem man den Strukturen folgen konnte. Ein Lamm rief, Schafe blökten zurück, Stille auf dem Berg, ich war in eine andere Dimension entrückt, wunderte mich über die Länge der Zeit, tauchte wieder auf, blickte über die Weite des Landes. „Wo bin ich? Wer bin ich? Warum bin ich hier?“, fragte ich mich.

Mit noch mehr Begeisterung lernte ich in einem Märchenwald, den „Wistman´s Wood“ nahe Two Brigdes, Princetown Devon, mit seinen mehr als hunderte von Jahren alten Zwergeichen kennen und schätzen. Inmitten eines bemoosten Steinwaldes wuchsen skurrile Baumformen heraus, die fast vollständig mit Moos überwachsen waren, Farne gediehen auf ihren Ästen. Da sie wohl nicht sehr in die Höhe streben konnten, schienen sie die Breite auszunutzen. Und immer wieder änderten die Äste ihre Richtung und wuchsen fast rechtwinklig weiter. Von Weitem erschienen sie wie ein Gewirr aus einer undurchdringbaren Hecke. Aber die Äste waren stark und sie trugen mühelos einen Menschen.

Ich schrieb folgendes in mein Reisetagebuch: „Ich liege in der Astgabel einer mindestens 300 Jahre alten Eiche, hoch über dem Tal im „Wistman´s Wood“, warm aufgenommen und bewahrt von Großvater Eiche, lasse ich mich fallen, tief in sein Reich, das mir so bekannt ist. Ich werde sofort als Rheanna, die Waldfrau wiedererkannt. Wir sprechen über meine Erfahrungen als Mensch in diesem Leben und welche Qual es manchmal für mich bereit hatte. Bei der Bitte um Heilung teilte er mir mit, drei Kräuter zu verwenden: Adlerfarn, Eichenblätter und Eichenrinde.“ Ich bedankte mich bei den Eichen, ich schien die Botschaft von allen gleichzeitig zu bekommen. Als ich später die Wirkung der einzelnen Pflanzen erforschte, konnte ich die Heilwirkung dieser drei Kräuter meinem körperlichen Zustand zuordnen.

An einem anderen Tag besuchten wir bei „Sheep´s Tor“ einen vierreihigen Steinkreis. Manche der Steine standen nahe beieinander, manche schienen fast umzufallen, jede hatte eine andere Form und Größe. Vier Reihen, die äußerste wohl mit einem Durchmesser von 20-25 m, die Innerste bot gerade Platz für die Länge eines Menschen, der sich darin niederlegen wollte. Gräser umrahmten den Kreis, damit war er nur aus der Nähe zu erkennen. Wildlebende Pferde beäugten uns freundlich und neugierig. Eine sanfte, grüne Hügellandschaft umgab uns.

Das Wetter war nicht typisch „englisch", sondern sonnig und mit fast 17° C herbstlich warm. Barfuß suchte ich meinen Platz im ersten, äußeren Steinkreis. Drei Bussarde kreisten über uns, ich beobachtete sie, wie sie sich immer höher in den Himmel schraubten. Ich setzte mich an einzelne Steine, die mich direkt ansprachen und fand einen Weg wie in einem Labyrinth ins Innere.

Ich fand mich in diesem Steinkreis wieder. Spinnen nahmen auf mir Platz und begleiteten mich, ich nahm das große Spinnennetz im Steinkreis wahr und wie sich die Fäden des Netzes mit der Landschaft verknüpften. Ich wechselte in den nächsten Ring, der Stein brachte mich tiefer in mein innerstes Sein. In meiner eigenen Mitte angekommen, spürte ich, wie ich mich scheinbar auflöste. Ich konnte nicht mehr stehen und suchte mir einen Stein im Kreisinneren zum Hinlegen. Ein flacher Stein signalisierte mir zu kommen. Dort abgelegt, verschwanden meine körperlichen Schmerzen, alles löste sich auf, ich wurde eins mit der Erde, die Zellen der Erde und meines Körpers verbanden sich, Himmel und Erde waren eins, wir verschmolzen, um dann aus der Tiefe wieder aufzutauchen, gewandelt und gestärkt, ausgetauscht.

Nachdem ich diesen Steinkreis wieder verlassen hatte, lief ich den linken „Row" entlang, barfuß, um die Erde zu spüren, den Boden, die Grashalme, die schwarze, moorige Erde. Ich bat meinen Feenführer, A-Iriann, mich zu begleiten. Mein Ahne, Großvater Karl und mein Krafttier, der Bussard gesellten sich dazu. Ich blieb stehen, schwarze Erde quoll durch meine Zehen, angenehm warm und vertraut. Ich verwurzelte mich tief mit diesem Land. „Woher kenne ich dieses

Land? Seit wann kenne ich es?“, fragte ich mich.

Am Ende des Pfades, dem „Row“, dankte ich den Hütersteinen und verließ den Pfad in Richtung eines weiteren Steinkreises. Beim Umrunden stellte ich mir die Frage nach dem Eingang, ich fand ihn durch ein dort abgelegtes Muschelstück, ungewöhnlich für diesen Teil der Erde. Der Steinkreis war größer als der vorherige, bestimmt 25-30 m Durchmesser, hatte aber nur eine äußere Reihe. Ich trat ein und umrundete den inneren Kreis bis zu einem Stein, der mich rief. Da dieser sich nach innen neigte, konnte ich mich nur gebückt daruntersetzen. Ich spürte die Kraft des Steines heilend in meinen Rücken fließen. Lange nahm ich diese warme Energie in mir auf.

Ein Menhir, ein großer, bestimmt vier Meter hoher und aufrechtstehender Stein außerhalb des Kreises, er schien sich zu verdrehen, stand mitten in einer Wiese. Schwarzköpfige Schafe, grau-schwarze und braune Kühe grasten im Farn. Ein Bächlein schlängelte sich plätschernd durch die Wiese.

Der Menhir signalisierte mir, näher zu kommen. Ich legte beide Hände und meine Stirn auf ihn. Binnen kürzester Zeit befand ich mich im Kosmos, bin eins mit allem, sah die Sterne, die Planeten, die blaue Erde und das ganze Universum, groß und dunkel. Ich erhielt die Botschaft, nein, ich erinnerte mich dunkel, dass ich die Menschen und die Feen wieder zusammenbringen wollte. „Woher kommt die Erinnerung?“, fragte ich mich.

Und ich zweifelte in diesem Moment. „War diese Aufgabe als Mensch nicht zu groß für mich?“

Aber ich erinnerte mich ja auch ein Stück weit daran, wo ich herkam und welche Aufgabe ich hier in meiner Inkarnation lösen wollte. Hatte ich mit meiner Erinnerung Recht? Und wie sollte das gehen? Wie sollte ich das machen? Tausend Fragen warfen sich auf.

Auf dem Weg zurück traf ich auf einen großen, kugelrunden, schwarzen Stein, dieser schaute wohl nicht ganz zur Hälfte aus der Erde heraus. Auf ihm stehend fühlte er sich wie die Erdkugel an, ich konnte wieder in den Kosmos blicken und ich wurde erneut an eine

Aufgabe, an ein Versprechen erinnert.

„Wie sieht denn die Aufgabe aus? Wie kann ich die Aufgabe umsetzen? Wo setze ich an? Was habe ich versprochen, um was zu tun?" Es blieb für mich noch immer alles so unklar. Ich kramte in meiner Erinnerung, aber ich hatte noch keinen vollständigen Zugriff darauf.

Ich kehrte zurück zum „Row", ein Pfad mit einer zweireihigen Steinformation, die wie die Zacken eines Drachenrückens aussahen, um ihn ebenso wieder zurückzugehen, wie ich gekommen war. Dabei bemerkte ich, dass sich im Hintergrund ein weiterer Ahn zu meinen Begleitern dazugesellte. „Wer bist du? Ein Ahn? Wie heißt du?", fragte ich ihn.

In dem Moment, als ich ihn fragte, spürte ich etwas Weiches, Haariges und eine feuchte Nase unter meiner rechten Hand. Erstaunt schaute ich an mir herunter. Ein junger, schwarzer Irish Setter gesellte sich zu mir.

„Abaney, komm her!" Sein Frauchen rief ihn, aber er blieb bei mir. Wer ist Abaney? Dieser „neue" Ahn? Oder ein Geistführer? Abaney kehrte zu seinen Leuten zurück und auch der Ahn verschwand.

Ich trat noch einmal barfuß auf die offene, schwarze Erde, diese quoll durch meine Zehen und ich fühlte mich zurückversetzt in meine Kindheit eines anderen Lebens.

Einige Tage später reisten wir in einen anderen Teil des Dartmoors, in die Nähe des Dorfes Yelverton. Wir überquerten eine Kuppe, auf der teils die Grundmauern eines alten Dorfes aus der Bronze- und Eisenzeit (ca. 2200 v. Chr. bis ca. 1025 n. Chr.) zu sehen waren. Hügelabwärts konnte man in der Ferne einen Menhir erkennen, er wurde von den Einheimischen „Drizzlecombe" genannt. So gut wie er zu sehen war, musste er sehr groß sein. Er ist mit über 4 m der höchste Standing Stone im Dartmoor. Im oberen Viertel hatte er eine Auswölbung wie eine Scheibe. Ich ging auf ihn zu, fast schon wie in Trance, er rief nach mir und ich folgte ihm. Als ich den „Drizzlecombe" zum ersten Mal direkt vor mir aufgerichtet und zwei Armlängen entfernt sah, stockte mein Herz, Tränen der Berührung machten sich bemerkbar – wir kannten uns. Ich ging langsam auf ihn zu. Groß und aufregend stand er in der Landschaft. Ich berührte ihn, mir liefen die Tränen. Ich fiel an seinem Fundament auf die Knie. Wir kannten uns aus einer langen Zeit vor dieser Zeit. Schon als ich mich in den „Hut“ begab, oben am Rand der Siedlung, spürte ich, dass ich hier schon einmal lebte, in einer der kleinen Hütten, deren Fundamentreste noch zu sehen waren.

Der Menhir erkannte auch mich und fragte mich, wie es mir ergangen sei in den letzten Zeiten. Ich ließ mich an seinem Fuße nieder. Ich erzählte ihm, woran ich mich erinnern konnte, viele Szenen aus früheren Leben zogen an mir vorbei und ich erkannte, dass ich oft in der Nähe war. Damals, als ich hier in der Siedlung lebte, war ich eine Heilerin, eine Schamanin und lebte oben auf der Kuppe. Ich liebte dieses Land, aus dem man uns später vertrieb, verjagte, unter Verlust vieler Stammesmitglieder. Ich erinnerte mich wieder: Die Hügel waren sanft und rau zugleich. Der „Drizzlecombe“ und der „Row“, die drei Steinreihen, die auf den Menhir zuliefen, standen schon, als wir kamen, sie formten die Landschaft und mit ihnen konnten wir Kontakt zu unseren Ahnen aufnehmen. Als Schamanin hatte ich Kontakt zu den Ahnen, zu den Tieren, zu den Naturwesen und zu den Wesen der Steine. Dabei begleiteten mich meine Krafttiere, die mir die Botschaften brachten. Die Ahnen hielten sich beim „Tor“ auf und sie brauchten den „Row“, um zu uns kommen zu können, zum „Drizzlecombe“. Wir nannten ihn damals Mehúanin, der Mächtige. Ich war ShámBala Ne, die Weise und ich hatte das „weitsehende Auge“, ich sah zwischen die Welten und blickte in die Zukunft. Ich sah, wie unser Volk starb und wir von diesem Land vertrieben wurden. Ich sah, wie das Land sich selbst überlassen wurde und wie die Einöde über viele Jahrhunderte Einzug hielt. Die Steine wurden von unseren Ahnen aufgestellt, sodass wir in diesem Land leben und ihnen nahe sein konnten. Als wir nicht mehr da waren, kamen auch die Ahnen nicht mehr. Aber sie warteten auf uns, denn sie wussten, wir würden wiederkehren. So wie ich an diesem Tag wiederkehrte.

Ein seltsames Heimatgefühl überfiel mich, ich war sprachlos, gerührt und berührt von dem Erlebten in einem Land, mit dem ich in diesem Leben nie berührt wurde. Und nun holte mich ein frühes Leben ein, vor – gefühlt – hunderten von Jahren. Und es zeigte mir eine tiefe Verbundenheit mit diesem Land, mit diesen Menschen und mit diesen Naturwesen, die ich noch aus dieser Zeit kannte, den Steinen, den Ahnen. Nur schwer konnte ich mich von diesem Ort lösen, ich hatte das Gefühl, dass er mir noch mehr erzählen wollte und könnte. Und dass dieser Ort etwas mit meiner Suche zu tun hatte.

Eine Heldinnenreise

Inkarniert als Priester gab es Zeiten der Rückbesinnung und Annäherung an das Leben in der Anderswelt. Aber auch Zeiten der Eingebundenheit in ein streng christliches Leben, indem die Anderswelt tabuisiert wurde.

Und Rheanna lernte in einem anderen Leben auch, sich zu verkaufen. Sich zu verkaufen, um Anerkennung, Achtung und Liebe in Zeiten des Ausgestoßenseins zu erhalten, um seelisch zu überleben. War sie doch immer irgendwie anders als die anderen Menschen. Inkarniert in manchem Leben als Mann und in manchen anderen Leben als Frau war sie nie so richtig integriert in seinem oder ihrem Umfeld, war nicht anerkannt oder musste heftig dafür kämpfen. Das schwächte und sie oder er überließ den Sieg des Kampfes dem Gegner. Nur in den Zeiten der inneren Einkehr konnte sie in ihrer Inkarnation Ruhe und Kraft finden.

Und sie verkaufte ihren Körper, doch der innere Schmerz blieb und die Achtung vor dem Leben verlor sich. Sie verkaufte Ihre Seele und bemerkte nicht, wie sie sich damit selbst verraten hatte. Verraten, um als Kind die Gunst ihres Vaters auf sich zu lenken, der, wie sie später feststellte, kein Interesse an seiner Tochter hatte.

Viele, viele Leben vergingen, aber niemals fand sie als Mensch den Weg zurück, zurück zu ihrem Clan und aus einem ihr unerfindlichen Grund wurde sie immer trauriger.

Doch in einem Leben sollte es anders kommen, dem jetzigen Leben, in dem sie, Petra, ihre Passion, ihre zweite Seele als Waldfrau wieder erkennen sollte. In dem ihre Eiche sie auf ihr Versprechen und ihre Aufgabe aufmerksam machte.

Die Erkenntnis

Im Rahmen einer meiner Ausbildungen war ich ein zweites Mal am Lago D´Orta, einem kleinen, magischen See südwestlich des Lago Maggiore in Italien. Unser Weg führte uns zuerst mit einer Medizinwanderung in den Kastanienwald.

Verrat – so schrie es aus mir hinaus und plötzlich erkannte ich: Ich hatte mich selbst verraten. Meine Natur als Waldfrau verraten, um von meinem Vater gesehen zu werden. Ich hatte meine Natur verraten, um von den Männern geachtet und geliebt zu werden. Eine echte, wahre Liebe erfuhr ich von ihnen jedoch nie. Selbst als ich ein Kind erwartete, wurde ich allein gelassen. Diese Zusammenhänge wurden mir jetzt erst klar und bewusst.

Dieser Verrat lähmte mich all die letzten Jahre, brachte mich in Erstarrung, ich konnte nicht weitergehen, Schmerzen überzogen meinen Körper und blockierten mich bis zur Unfähigkeit, sich daraus herauszubewegen.

In Meditationen hatte ich einen Schleier vor der Wahrnehmung und oft stieg ich „rechtzeitig“ aus und schlief ein, um mich nicht erinnern zu müssen. An meine Träume erinnerte ich mich ebenso nicht, obwohl ich das Gefühl hatte, dass sie sich wiederholten und dass sie wichtig waren. Das Leben als Waldfrau schimmerte schemenhaft durch diesen Schleier, diese Blockade hindurch, ließ sich aber nicht greifen.

Dann waren wir zwei Tage und zwei Nächte ganz auf uns alleine gestellt, fastend und unter freiem Himmel, eine Heldinnenreise. Nur mit sich und umgeben von der Natur.

Ich lausche – Stille – ein Bussard ruft, eine Krähe krächzt, Maronen fallen geräuschvoll knackend auf den Waldboden, es raschelt im Unterholz. In Gedanken aktiviere ich mein Feengewand und bringe es silbrig-golden zum Leuchten:

„Das brauchst du nicht. Wir wissen auch so, dass du zu uns gehörst, aus unserem Stamm bist. Du hast damals dieses Gewand von uns erhalten, damit du dich an uns erinnern kannst. Denn jedes Mal, wenn du dieses Gewand aktivierst, kommt ein Stück Erinnerung an uns, an deine frühere Welt, zurück", höre ich die Stimme in mir.

Diese Natur ergreift mich so, ich möchte mit ihr verschmelzen, mit ihr eins werden, in ihr aufgehen, sie verstehen, ihre Energien spüren, selbst diese Energie sein.

„Nichts erwarten, liebe Petra, lass es fließen. Oder dürfen wir dich bei deinem Namen als Waldfrau nennen, als Rheanna?"

Also „Rheanna", gerne. Das ist mein Name als Waldfrau, als Fee. Ich spreche diesen Namen aus und lasse ihn in mir nachklingen. Irgendwie kenne ich ihn schon, er ist mir nicht unbekannt.

„Wir erwarten dich schon. Du bist uns willkommen, wir kennen dich ja schon lange, haben dich lange begleitet und freuen uns auf dich."

Ich sitze an einer Eiche gelehnt – Großvater Eiche – Repräsentant meiner Ahnenreihe aus der väterlichen Linie. Oder die Erinnerung an die mitgegebene Eichel? Die Sonne scheint, der Wald verwandelt sich in ein Lichterspiel. Ein Specht klopft in der Ferne. Ich frage Großvater Eiche, welches Versprechen ich damals abgegeben habe.

„Du weißt es längst. Es ist in deinen Zellen verankert."

Bei der Wanderung heute Mittag habe ich das leise Flüstern aus der Anderswelt gehört. Ein Anfang? Ich habe A-Iriann, meinen Feenbegleiter, gerufen und mich den anderen Feen im Wald als Rheanna vorgestellt. Und ich habe Mutter Erde und Vater Sonne gebeten, mich an meine Träume erinnern zu können. Ich möchte die Botschaften verstehen können. Meinen Schleier kann ich doch erst lüften, wenn ich alles erkannt habe. Und ich habe mich für meinen Verrat an mir und an der Anderswelt entschuldigt. Nun habe ich noch die Feen gebeten zu erfahren, wie ich den Schleier lüften kann, um an das zu Lebzeiten als Waldfrau vermittelte Wissen und die Fähigkeiten zu gelangen.

„Man hat dir schon lange verziehen, deshalb hast du auch erneut das Goldene Gewand von den Feen erhalten … und den roten Heilstein von den Zwergen. Warte, habe Geduld, die Zeit wird kommen. Du musst dich erst als Mensch an die neuen Energien gewöhnen, deine Zellen sind noch nicht darauf eingestellt."

Wer sprach da mit mir?

Ich erinnere mich an ein Seminar auf dem Petersberg und an den Hinweis in der Kapelle, warum ich mich nicht erinnern kann: Wenn ich in die innere Welt der Feen reise, kann oder darf sich der Mensch nicht daran erinnern, weil sich sonst zwei Realitäten überkreuzen. Das muss erst erlernt werden. Aha! Und so ist das eine Sache der Geduld (die ich wahrlich nur wenig habe!).

Ja, und dann das Thema mit dem roten Heilstein! Ich dachte schon eine ganze Zeit lang nicht mehr an diesen Stein. Aber er wird immer wieder präsent. Nein, man erinnert mich immer wieder an ihn, wenn es Zeit war und jemand meine Hilfe benötigte.

Bei einer Erdheilungsarbeit arbeiten wir ganz intensiv mit Mutter Erde zusammen. Informationen, die aus früheren Leben noch in einem Raum präsent sind, können durch eine geomantische Arbeit geheilt und aufgelöst werden. Vor vielen Jahren wurde mir bei einer dieser Erdheilungsaktionen von den Zwergen ein wunderschöner, blutroter, vieleckiger, fußballgroßer Heilstein in ätherischer Form überreicht. Diesen legte ich mir spirituell ins Herz. Immer dann, wenn ich ihn für eine Heilung in der Landschaft oder für Naturwesen benötigte, stand er mir zur Verfügung und ich legte ihn dort ab oder ich gab ihn weg. Entweder kam er zu meiner eigenen Heilung wieder zu mir zurück oder er stand mir für eine Heilungsaktion in der Landschaft oder an einem Naturwesen wieder zur Verfügung. Er kam also immer wieder zu mir zurück. Ich musste nichts Weiteres dafür tun.

„Sei gegrüßt, Steinwesen … ich bin Rheanna“, dachte ich.

Ich sitze an einem ca. 30 cm hohen Felsen, bestehend aus einem Sedimentgestein mit breiten, weißen, kristallinen Quarzeinschlüssen, der neugierig aus dem Waldboden lugt. Dieser kommt oben an der Spitze des Berges Monte Crabbia, am „Croce“, wieder zum Vorschein und prägt den Gipfel. Er spricht mich schon die gesamte Zeit des Aufenthaltes an. Nachdem ich am zweiten Tag oben am Croce eine Zeit mit meditativem Schlafen verbracht habe, nehme ich bei ihm Platz und bemerke, wie er mich schon ungeduldig erwartet hat und ich begrüße ihn mit meinem neuen, alten Feennamen!

„Sei gegrüßt Rheanna, oder Petra, wie man dich in deiner menschlichen Welt nennt. Wir kennen dich schon lange und freuen uns über deine Rückkehr zu uns. Wir haben schon lange beobachtet, wie du zu uns Kontakt aufgenommen hast“, begrüßte mich das Steinwesen.

„Ja, ich war viel zu viele Leben nicht mehr bei euch. Ich habe mich nun in diesem Leben als Waldfrau wiedergefunden und brauche Hilfe aus der Anderswelt, um mich wieder an meine Familie und meine Heimat zu erinnern. Und wenn ich mich wieder erinnern kann, kann ich sicher auch mein Versprechen einlösen.“

„Du wirst dich bald wieder erinnern. Und denke daran, erinnere dich, warum du deinen Beruf in diesem Leben und deine Ausbildungen gewählt hast. Es hat etwas mit deinem Versprechen zu tun. Wenn die Zeit reif ist, wirst du es wissen.“

„Ist mit den Ausbildungen das Architekturstudium oder die Geomantie- und die Geokulturausbildung der letzten Jahre gemeint?“

„Hmmm … nähre dein Wissen und du wirst dich erinnern. Möchte noch jemand dazu etwas sagen?“

„Das Steinwesen hat schon alles gesagt“, erfahre ich von den Bäumen.

„Bringe den Menschen die Natur näher, begleite sie bei ihren Wahrnehmungen und übe sie in Umsicht. Damit nicht wieder vorkommt, dass ihr Müll (ich blicke auf die in Kleinstteilen zerbrechende blaue Folie um mich herum) hier im Wald liegen bleibt.“

Ein Käuzchen bestätigt dies mit seinem Ruf.

Ich liege unter der Eiche und blicke in seine hoch aufragende Krone. Es ist eine Stieleiche, deren Stamm sich weit über die Kronen der Edelkastanien erhebt.

Warum kann eine Göttin oder ein Wesen der Anderswelt den Baum nicht so sehen wie wir Menschen? Wir sehen Gegenstände in einer materiellen Form, dazu ist unser Auge geschaffen und unser Gehirn trainiert. Die Anderswelt „sieht" Gegenstände in einer ätherischen Form, also nicht physisch oder materiell, sondern als Energie. Indem der Mensch die Fähigkeit besitzt, die Form der Materie als Bild gedanklich an die Anderswelt zu vermitteln, kann die Schönheit unserer Welt transportiert werden, aber natürlich auch unsere negativen Bilder und die Katastrophen.

Ich erinnerte mich daran, als ich einige Jahre zuvor diese Erfahrung bei einer Landschaftsgöttin in Berlin machte. Sie vermittelte mir ihr ätherisches, energetisches Bild, wie sie die Welt eigentlich wahrnimmt, nachdem ich ihr die Schönheit einer fliegenden Fledermaus geistig bzw. in Gedanken übertragen hatte. Es waren Farben und nicht-materielle Formen, kleine Blitze und Lichtströme, die sich im Raum zwischen den materiellen Dingen bewegten. Man konnte Konturen erkennen, aber nicht das mentale, materielle Bild.

Gleichzeitig nahm ich wahr, wie die Bäume über die Blätter und Astspitzen kommunizierten, mittels energetischen „Strahlen", die in jede mögliche Richtung pulsierten. Jeder freie (und auch nicht freie) Raum wurde dazu genutzt! Phänomenal.

Rheanna fand sich im Wald wieder, dort in diesem Wald, wo sie sich zu Hause fühlte. Alles schien ihr vertraut und sie bewegte sich von Baum zu Baum, begrüßte sie alle. Ihr Herz und ihre Augen strahlten.

War das die Rückkehr zu ihrer Feenfamilie? Sie traf A-Iriann und sie erzählte ihm von ihrer Erfahrung in der anderen Welt, der menschlichen Welt. Dabei wurde ihr klar, dass es ein vollständiges Zurück zu ihrer Familie so lange nicht gab, solange der Mensch Petra inkarniert ist und sich immer wieder inkarnieren wird. Und solange die Aufgabe nicht erfüllt war. Würde es das jemals sein?

Nun wusste sie, warum die anderen Feen, die einst zu den Menschen gingen, nicht zurückkehrten. Aber sie wusste auch, dass sie nun von diesem einen Menschen wahrgenommen wurde und dieser sich an ihr Leben erinnerte, seit diesem Tag in diesem Wald auf dem heiligen Berg der St. Odile, als der Mensch Petra den Geruch von Heimat einatmete, sie von Rheanna dabei beobachtet wurde und sie sich auf den Weg machte, an die Essenz dieser Erinnerung und dieses Lebens zu kommen.

Der Luchs wurde nun des Menschen Krafttier, der Bär eine Vision für das Leben auf Mutter Erde, der Wolf zur nährenden Ur-Wild-Kraft in ihr, der Eichelhäher ein Wächter im Walde und das Eichhörnchen zeigte ihr die Lebhaftigkeit in der Verbindung von Himmel und Erde. Nun konnte sich Rheanna vollends ihrer Aufgabe widmen, mit der sie damals in die Welt der Menschen aufbrach.

Ich bin Petra und ich bin Rheanna. Wie zwei Seelen, wie zwei Herzen in einer Brust, in einem Körper vereint. Es ist nicht einfach, beiden gerecht zu werden, denn beide verdienen einen Platz auf dieser Erde. Jeder mit seiner eigenen Aufgabe und trotzdem gemeinsam. Wie ist das zu schaffen? Ständig verzweifle ich an dieser Aufgabe. Nicht nur an der Aufgabe, die sich Rheanna einst gestellt hatte, sondern daran, wie ich beide zusammenbringen kann.

Am Ende unserer zweitägigen Heldinnenreise, wir waren alle schon zurückgekehrt, bemerkte ich den Verlust meines Eibenstabes. Im Lauf eines Lebens kamen Dinge zu jedem von uns, die irgendwann eine Wichtigkeit hatten. Der Eibenstab war solch ein Gegenstand. Ich weiß nicht mehr, wann und woher er zu mir kam, irgendwann war er einfach da und einfach wichtig. Das konnte ich also nicht zulassen und kehrte zu meinem Platz zurück. Auf diesem Weg erinnerte ich mich an all den körperlichen und geistigen Schmerz, der in beiden Tagen und Nächten zu mir kam. Durch eine Muskelfasererkrankung waren das Schlafen auf einem harten Boden die Hölle und körperlicher Schmerz stellte sich in beiden Nächten ein.

Der geistige Schmerz war etwas subtiler und formierte sich durch die Erkenntnisse über die Beziehung zu meinem Vater, meinem Verhältnis zu ihm, dem Verrat und den Männern in meinem Leben.

Bei der großen Eiche grub ich ein Loch und schrie meinen Schmerz hinein, hinein in Mutter Erde, die ihn aufnahm und transformierte. Ich fand auch meinen Eibenstab wieder, er lag an meinem Schlafplatz. Das Liegenlassen des Stabes brachte mich wieder an diesen Platz zurück und so konnte ich meinen Schmerz frei herausschreien.

Einst hatte sie in einem früheren Leben die Eichel, die sie mitbekommen hatte, mit der Erinnerung an das Versprechen gepflanzt. Heute war dieser Baum ein stattlicher Baum, der den Mensch Petra vor vielen Jahren an ihr Versprechen erinnerte. Auch der Eibenstab, der ihr von den Ältesten mitgegeben wurde, kam zu diesem Menschen als Begleiter bei ihrer Heldinnenreise zurück.

Nachtwanderung

Bei der Teilnahme an einem Seminar lief ich in einer Gruppe von Teilnehmer:innen einen Feldweg entlang. Langsam und gemächlich, wie in Trance. Die Gruppe entfernte sich immer weiter. Im Einbrechen der nächtlichen Dunkelheit bemerkte ich das langsame Entschwinden der Gruppe zuerst nicht.

„Sie sieht uns."

„Nein, sie sieht uns nicht." Diese Stimmen tauchten auf.

„Doch ich sehe, nein ich höre euch", antwortete ich.

Verdutztes Schweigen. Ich konnte mir fast vorstellen, wie sie sich überrascht anschauten, um dann wieder mich zu mustern. Ein Geräusch aus dem Wald – ein Reh – stoppte das Gespräch. Schatten huschten an mir vorbei, Lichter – schwach, aber erkennbar – leuchteten im Wald auf, so als hätte jemand eine Laterne angezündet.

Meine Schritte wurden ruhiger und sicherer, ich hatte meine Gangart gefunden. Noch konnte ich die Gruppe vor mir wahrnehmen.

„Sie sieht uns? Sie ist doch ein Mensch?" Wieder diese Stimme.

“Ja, aber sie ist doch auch eine Waldfrau! Siehst du nicht ihr glänzendes Gewand?“

Nun war ich perplex. Sie sahen mich so in meinem Feengewand?

„Ja, so können wir dich sehen.“

Plötzlich verlor ich die Verbindung zur Gruppe, sie entschwand ohne ein Geräusch im abendlichen Nebel. Angst stieg in mir hoch und Ärger darüber, hier allein stehen gelassen worden zu sein.

„Dann hättest du schneller laufen müssen“, stellte die eine Stimme fest.

„Aber das wollte ich ja nicht, ich wollte in meiner Geschwindigkeit laufen“, konterte ich trotzig. An der Gabelung lief ich ein paar Schritte in den Seitenweg und gleich wieder zurück in den Hauptweg. Die Gruppe war weg, kein Geräusch von ihnen war zu hören.

„Das ist doch meine Chance, allein den Weg zurückzulaufen“, dachte ich bei mir und fing an, Freude über diese außergewöhnliche Situation zu empfinden. Aber ich war doch nachtblind, wie sollte ich den Weg alleine zurückfinden? Ich bat mein Krafttier, den Luchs, mich zu begleiten und meine Augen zu sein.

„Alleine? Pahh!“, hörte ich.

„Sie sieht uns schon wieder nicht!“, sagte einer von ihnen patzig.

„Natürlich nicht, aber ich höre euch. Wer seid ihr denn?“, fragte ich nach einer kurzen Pause.

Plötzlich schienen sie sich zu materialisieren, denn vor mir standen zwei Wesen, zwergengleich, mit rundem Gesicht und einer Knollennase, lachenden Augen und einem Mund, grinsend von einem Ohr zum anderen, die ich hinter ihrem Wuschelhaar vermutete. Fast könnte man meinen, sie seien Zwillinge, so ähnlich waren sie sich doch. Einer hatte rotes Haar, der andere hatte auch rotes Haar, nur etwas heller. Sie schauten sich wieder an, unmerklich nickend.

„Ich bin Gnofel“.

„Und ich bin Kofel“.

„Und ich bin ...“, wollte ich mich vorstellen.

„Das wissen wir schon, Rheanna, die Waldfrau in Menschengestalt.“ Ich muss ziemlich verdutzt geschaut haben, denn beide lachten lauthals.

„Jetzt haben wir sie überrascht“, meinten beide gleichzeitig.

Ja, das haben sie wirklich, denn darauf war ich nicht gefasst. Man sah ihnen an, wie stolz sie darauf waren, meinen wahren Namen zu kennen.

„Und was macht ihr hier? Welche Aufgabe habt ihr? Ihr seid keine Zwerge, oder?“, fragte ich sie.

„Wir kommen aus dem Zwergenreich ...“

Nach einer Weile „... sind aber Gnome.“

„Wir sind Wanderer zwischen den Welten“, antwortete Gnofel. „Was konnte man sich denn darunter vorstellen, zwischen welchen Welten?“, fragte ich mich.

„Wir bringen Botschaften von den Völkern zu den Völkern.“

Und wie konnte man sich das denn vorstellen? Von welchen Völkern redete Gnofel da?

„Also ... wir suchen zum Beispiel einen Menschen auf und bringen ihm eine Botschaft aus der unsrigen Welt, also von Feen oder Tieren. Immer dann, wenn eine Seite, also ihr Menschen, noch nicht verstehen könnt, aber die Botschaft euch in eurer Entwicklung weiterhelfen kann“, erläuterte Gnofel. „Und diesmal sind wir auf dich getroffen, die uns hören kann“, ergänzte Kofel, der bisher der ruhigere war.

„Und wir haben dich, als Rheanna, früher schon getroffen, also wir kennen uns aus einer anderen Welt.“ Erstaunt nahm ich die Worte dieser seltsamen Zeitgenossen wahr. Wo das wohl war? Eine leise Ahnung der Erinnerung kam in mir hoch.

„Und warum seid ihr hier?“, fragte ich sie.

„Wir sind auf dem Weg zu einem Menschen aus deiner Gruppe. Wir haben eine Botschaft für sie ...“, erläuterte Gnofel.

Kofel ergänzte den Satz: „... und auf dem Weg zu ihr haben wir dich getroffen. Du standest so hilflos da.“ Er grinste. Ich verkniff mir eine Antwort, denn eigentlich hatte er ja recht.

Ich näherte mich dem Seminarhaus und meine Aufmerksamkeit richtete sich immer mehr auf das Ziel, den Seminarraum. Das Bild von diesen beiden Gesellen löste sich in Nebel auf, wir verabschiedeten uns.

Aber ich wusste, nein ich spürte, dass sie noch immer in meiner Nähe waren und es nicht schwierig sein würde, wieder eine Unterhaltung mit ihnen zu beginnen. Ich hatte also Freunde da drüben, in der Anderswelt. Und ich traf sie wieder.

Labyrinth von Chartres

Eine Reise in die Bretagne führte mich in die Kathedrale von Chartres. Der Zufall wollte es, dass wir, die Gruppe, an einem Donnerstag ankamen. Am Freitag wurden die Stühle weggeräumt und das Labyrinth war vollends begehbar. Ich zog meine Schuhe und Socken aus und begab mich barfuß über den heiligen Boden in das Labyrinth. Es war ein Bodenlabyrinth mit 12 m Durchmesser und bestand aus 273 schwarzen und grauen Steinplatten, die in den Fußboden eingearbeitet waren. Ein Labyrinth war kein Irrgarten, sie hatten nur einen Weg, der verschlungen, auf möglichst langem Weg, in diesem Fall 261 m, vom Startpunkt zum Ziel und wieder zurückführte. Es gab nur einen Weg in die Mitte. Aber bis man die Mitte erreichte, wurden viele Richtungen eingeschlagen, mal kam man in den äußeren Pfad, dann befand man sich wieder innen, mal lief man auf die Mitte zu und dann wieder von ihr weg. Es war wie die Windungen eines Lebens, die, in der Mitte angekommen als Ort der Umkehr, denselben Weg uns wieder zurückgehen ließ. Auf diesem Rückweg konnten wir unsere Erkenntnisse noch einmal betrachten.

Es waren diejenigen, die ebenfalls die Runden gehen, die das Tempo bestimmen und es war dein eigenes Tempo, die dich und die anderen bewegten. In diesem Ort, einem Weg einer persönlichen Heldenreise, begegnete ich auch dem Einen, der den Weg des Labyrinthes nur auf seinen Knien zurücklegte. Und immer wieder hing ich meinen Gedanken nach.

„Manchmal schwer, leicht, holprig, schwankend, fast umfallend, Richtungswechsel, irritiert vom Überholen, hauchzarte Berührungen, in die Zange genommen werden, in mich versunken, nach außen blickend. Wo war der Weg? Die Orgel dröhnte, hob mich gleichzeitig empor, ein Blick in die Augen von demjenigen, den ich überholte – er machte Platz in einer Kurve, ich stand vor dem Ziel. Wollte ich schon hinein? War es das, was ich wollte? Konnte ich es ehrlich bejahen? Dann trat ich ein.

Ich stand in der Mitte, genoss dieses Sein. Betrat den zweiten Kreis, wollte hinausgehen, Richtung Apsis, verschmolzen, strich mir zart den Geist des Raumes über das Haupt. Auch der Knieende war in der Mitte angekommen, seine Augen hatten mich berührt, wir hatten uns berührt, in der Seele. Nackte Füße fanden Löcher im Stein, Kontakt zu Mutter Erde, sie gaben mir Halt. Manches, das ich angestrebt hatte, traf ich nicht, mein Schritt ging vorbei. Es war nicht notwendig. Ich steckte fest, in einer Krise, der Schritt wurde schwer und langsam. Ich stieß mit jemandem zusammen, sie befreite mich damit. Manchmal reichte ein Aufrütteln, Erzittern, Anstoßen, Umwerfen, um zu erkennen, aufzuwachen. Ich hatte das Labyrinth vollendet."

Ich sah später den Knieenden im Café. Was hatte ihn bewogen, mit sich getragen, abgeworfen, erfahren, einen solch schmerzhaften Weg auf Knien zurückzulegen? Er merkte auf, als ich die Caféterrasse betrat, ein scheuer Blick, kurze Zeit später war er unbemerkt gegangen, so als hätte es diesen flüchtigen Moment des Blickes nie gegeben. Es hinterließ eine Spur von Traurigkeit in mir, denn er berührte mich mit seinen Augen in meiner Seele. Kannten wir uns? Aus einer anderen Zeit?

Baurituale

In meiner Arbeit als Architektin und Geomantin ist, so wie früher selbstverständlich, zum Baubeginn das Ritual des Spatenstichs durchzuführen, egal welcher Glaubensrichtung die Bauherren angehören – streng katholisch, christlich-orthodox oder dem Islam. Es ist ein Ritual, um die Erde milde zu stimmen und für die Verletzung, die mit dem Baugrubenaushub stattfinden wird, um Vergebung zu bitten und die Verletzung zu heilen.

Mit dem Ritual, dem Segen und der Weihe des Landes mit Kräutern wird der Genius, der gute Geist des Ortes, eingeladen, der dann kommen kann, um zu einem Teil dieses Ortes zu werden. Nun kann das Haus gebaut werden, bis, mit dem Richtfest, der Genius in das Haus einziehen kann.

Eine junge Familie beschloss nun, mit dem Bau ihres Hauses zu beginnen. Das Stück Land, auf dem das Haus gebaut werden sollte, war noch unberührt, unverletzt. Es war ein Treffen im kleinen Kreis, nur die engsten Familienmitglieder und ein paar Freunde waren eingeladen. Ich fand mich schon früher ein, um das Grundstück an seinen Grenzen zu räuchern und allen kundzutun, was hier nun stattfinden würde.

„Da ist sie wieder ...", höre ich. Ich lächle, denn die Stimme kommt mir bekannt vor.

„Ja, das ist sie …", sagt die andere Stimme.

„Hey ihr beiden, schön, dass ihr da seid!", begrüße ich sie.

„Sie hat uns gehört …", das hörte sich nach Gnofel an.

„Natürlich hört sie uns, das weißt du doch!", und das war wohl Kofel.

„Was macht ihr beiden denn hier?", fragte ich.

„Wir haben den Ruf von Mutter Erde gehört ..." Und wie gewohnt, vollendete Kofel den begonnenen Satz von Gnofel.

„… Es soll hier ein Ritual stattfinden."

„Ja, das stimmt, das Ritual des ersten Spatenstichs, die erste Verletzung der Erde auf diesem Grundstück", erläuterte ich.

Sichtlich zufrieden begann Gnofel: „Wir sind hier …“

„… um dich zu begleiten ...“, ergänzte Kofel

„… und um dem Genius des Ortes beizustehen …“

Ich fragte mich, warum denn dem neuen Genius des Ortes beigestanden werden müsse? Gnofel schien meine Gedanken verstehen zu können und antwortete.

„Es sind hier Menschen dabei, die es nicht ehrlich meinen.“ So viele Worte kannte ich von Gnofel nicht.

Und Kofel ergänzte: „Damit tut sich der Genius des Ortes ...“, er zögerte einen Moment

„… schwer zu kommen. Er fühlt sich nicht gänzlich von allen eingeladen.“

„Wir wollen dir bei dieser Aufgabe beistehen.“, meinten sie beide gleichzeitig. Ich spürte die Ernsthaftigkeit ihrer Worte. Und, das mit der Zurückhaltung des Genius´ kannte ich so noch nicht.

So langsam kamen die Bauherren und die Gäste. Auch der Bauträger mit seiner Frau erschien. Das Ritual konnte beginnen, der Spatenstich erfolgen und die Kräuter zur Segnung und Heilung über die aufgeworfene Erde verteilt werden. Zum Schluss begoss man das mit einem Glas Sekt. Ich spürte, dass die beiden, Gnofel und Kofel, im Hintergrund dabei waren, ich spürte, wie der Genius zum neuen Ort kam und bei diesem Ort verblieb. Ich freute mich über seine Anwesenheit, da der Verdacht von Gnofel und Kofel erst einmal nicht stimmte.

Leider hatten, im Nachhinein betrachtet, die Gnome recht. Der Bauträger war nur darauf aus, sich an diesem Bauvorhaben zu bereichern und den Bauherren so viel Geld wie möglich abzuziehen. Die daraus entstandenen Differenzen und Unehrlichkeit, die die Bauherren leider zu spät bemerkten, zwischen dem Bauträger und den Bauherren, vollzogen sich schon in der Rohbauphase. Niemand achtete darauf, dass sich der Genius von dem Grundstück getrennt hatte. Ich war zwar zum Richtfest geladen, aber nicht als Geomantin und so hatte ich es nicht in der Hand, dass es ein Ritual für den Einzug des Genius in das Gebäude geben konnte. Er war auch leider bereits schon nicht mehr da. Die Schwierigkeiten der Bauherren mit diesem Bauträger zogen sich durch die gesamte Bauphase und darüber hinaus.

Sophia und die weiße Eule

Wie kann ich meinen Beruf, meine Ausbildungen und das Wesen der Waldfrau miteinander verbinden? Eine große Frage, die mich als Mensch immer wieder begleitet. Ich finde in meinen Reisen viele Ansätze, Möglichkeiten und Chancen, mich daran zu erinnern oder zu entwickeln.

Bei der ersten Kontaktaufnahme 2009 mit Sophia in der Hagia Sophia in Istanbul hatte ich gespürt, dass die Leere eines Raumes durch ihre Energie von Weisheit und Liebe gefüllt werden kann, mit dem Göttlichen, mit der Energie, die uns Kraft und Mut verleiht.

Aber wer war Sophia? Sophia war die große Muttergöttin, Schöpferin allen Lebens, die vor allen anderen bereits da war. Aus ihr wurde ihre männliche Ergänzung, Logos, geboren. Sie war der Anfang der Schöpfung, die das Licht bringt und die Weisheit, die Quelle der Kraft, die Urkraft. Erst im Biblischen, in der christlichen Mythologie, nahm sie ihren Platz neben Gott ein, als Beisitzerin Gottes, die weibliche Kraft eines christlichen, männlichen Gottes.

Mit ihrem Bewusstsein war sie das Große und Ganze, aus der das Leben kreativ und lustvoll entsprang und Räume geschaffen und gefüllt werden konnten. Damit würde Sophia immer wieder und immer noch die geistige Baumeisterin der Natur sein, die Quelle der Kraft, die Schöpferin allen Lebens.

Diese heilige Erfahrung in der Hagia Sophia in Istanbul zeigte mir, wie Räume mit einer Kraft gefüllt sein konnten, um dem Raum Leben einzuhauchen und den darin lebenden Menschen diese Kraft und Energie nutzbar zu machen. Sophia war das geistige Prinzip, in dem sich Weisheit, Liebe, weibliche Schöpferkraft und Wachstum zeigten und leben konnte. Damit wurde der Raum zu einem urweiblichen Archetyp.

Räume in der Landschaft, Räume in der Natur, Räume wie Höhlen in den Bergen sind urweibliche Schoßräume, in denen Geburt und Leben und Tod und Wiedergeburt stattfinden können. Diese Räume haben die Qualität der Urweiblichkeit und Sophia war als Muttergöttin die Beschützerin und Bewahrerin dieser Räume.

In meinem eigentlichen Beruf, in der Architektur, ging es um das Erschaffen von neuen Räumen. Räume mit einer Qualität, die den Menschen bzw. den Bewohnern gerecht werden sollten. Und damit dies gelang, war es notwendig, Sophia zu verstehen, ihre Urweiblichkeit zu erfahren und es dann umzusetzen. Einen Raum zu erschaffen, so wie man ihn im Schoß von Mutter Erde finden konnte. Einen Raum, in dem man, wie bei der Initiation von Rheanna, seine Visionen erleben und seine Zukunft entwickeln konnte. Denn nur daraus entsteht ein neues, soziales Miteinander und neue partnerschaftliche und familiäre Beziehungen. Denn die Wohnstätte diente dem Körper für die Entwicklung des Bewusstseins, der Entwicklung zu einer neuen Lebensweise im heutigen Jahrhundert. Veränderungen in der Gesellschaft formten die Wohnraumbedürfnisse, die wir in der Architektur immer wieder verspürten.

Sophia, die große Muttergöttin, der urweiblichste Archetyp auf dieser Erde, wird vertreten durch eine weiße Drachin, die sich als weiße Eule, eine Schnee-Eule, bemerkbar macht. Sie bringt als Botin die Weisheit und das Wissen zu denen, die sie rufen und brauchen werden.

Und mein Wesen der Waldfrau nimmt die weiße Eule wahr, als Überträgerin von Sophias Botschaften. Zu dem Zeitpunkt, wenn Sophia ruft, ist es an der Zeit, mit der eigenen Weisheit in Verbindung zu treten. Jetzt ist es an der Zeit für Stille und Innenschau, um aus sich selbst heraus zu erfahren, was gerade wichtig ist, und was man braucht. Höre der eigenen inneren Sophia zu – und man erfährt, was man wissen muss.

Der Gang durch das Labyrinth von Chartres hatte mich wieder daran erinnert. Sophia sei Dank.

Als Pendant zu Sophia, der himmlischen Göttin ist der „Ur-Archetyp“ aller Mythologien und Anbetung die freigiebig schenkende Göttin Erde als Mutter und Ernährerin des Lebens und Empfängerin der Toten zur Wiedergeburt. So wie wir sie in der Dreifaltigen, der Roten, Schwarzen und Weißen Göttin, kennen. Ihre Kraft ist im Lebensrhythmus der Erde, in dem Kreislauf der Jahreszeiten immer wieder zu spüren.

Drachenfreunde

Eines Tages, ich machte gerade einen Streifzug durch die umliegenden Wälder, traf ich auf eine Wächterbuche an einer Weggabelung. Ehrfürchtig begrüßte ich die Buche, die mich bereits schmunzelnd erwartete. „Ich grüße dich, du Wächterbaum dieses Waldes“, begrüßte ich sie.

„Hmmm“, antwortete sie wortkarg.

„Du wirst bereits erwartet.“

„Von wem erwartet?“, fragte ich. „Du wirst schon sehen, lass dich von deinen Gefühlen und deiner Intuition leiten. Dann kommst du schon dort an.“

Damit war das Gespräch beendet. Ich nahm intuitiv den rechten Abzweig und ließ mich auf dem Weg leiten. Nach einem kurzen Wegstück erblickte ich links eine Felswand auf einem Hügel, so wie es für diese Region typisch ist.

„Diese Wand ist bestimmt gut, um sich anzulehnen und nachzudenken“, dachte ich mir und kletterte den doch etwas steileren Hang hinauf. Der Platz war optimal, eine waagerechte Fläche, breit genug, um sich darauf hinzulegen, oder mit dem Rücken an der Felswand zu sitzen. Ich breitete meine Filzmatte aus und lehnte mich an die Felswand. Ich hatte, intuitiv, einen Platz gegenüber von zwei Bäumen gewählt. Der Abstand zwischen Buche und Tanne war gerade so breit, dass ich mit ausgebreiteten Armen hindurchgehen konnte, wie ein Tor. Ein rotes Eichhörnchen flitzte vorbei. Ich begrüßte es in Gedanken. In einiger Entfernung raschelte es, ein Reh wandelte auf einer Waldspur.

Dann sah ich ihn. Oder es? Wie ein Wesen aus der Anderswelt. Ein langes und edles Gesicht, markant, mit elfenhaften Ohren, einem gedrungenen Oberkörper. Ich nahm Kontakt zu ihm auf und fragte ihn, wer er oder es sei?

„Ich bin ein Drachenreiter", kam langsam und leise die Antwort. Ein was? Was ist ein Drachenreiter? Wenn er ein Reiter auf einem Drachen ist, dann müsste es ja auch einen Drachen dazu geben?

„Ja, auch er ist hier", hörte ich es antworten. Ich blickte mich um. Und dann sah ich ihn. Einen eleganten Drachenkopf wie in Stein „gemeißelt". Der Drachenreiter lud mich ein, in sein Reich zu kommen. Ich nickte. Gesagt, getan. In der Ferne sah ich den Drachen, wie er auf uns zukam. Je näher er kam, desto größer wurde er, obwohl er nur ein paar Schritte tat. Nun stand er in seiner ganzen Pracht vor mir. Auch der Drachenreiter nahm an Größe zu. Sie schienen sich mir anzupassen. Ich fragte sie nach ihren Namen und sie stellten sich mir vor: Phaëtona, der Drachenreiter und Chumbuur, sein Drache, ein Feuerdrache.

„Ein Drachenreiter ist der Hüter der Drachen, sie sind eng mit seinem Drachen verbunden“, erzählte er mir. „Der Drache ist die Urkraft der Erde und symbolisiert sie mit ihrer Energie. Dabei haben die Drachen unterschiedliche Funktionen. Und wir Drachenreiter begleiten sie.“

In diesem Moment befand ich mich auch schon auf dem Drachenhals und wir hoben ab. Ich fragte die beiden, wie denn die Drachenlinien entstehen würden. Diese ziehen sich als Lichtnetz über die ganze Erde und stehen allen Lebewesen als Energienetz zur Verfügung. In diesem Moment senkte Chumbuur seinen Schwanz und streifte mit der Spitze den Erdboden und aktivierte damit die Drachenlinien, rotglühend erschienen sie wie ein Netz, gespannt über die Erde.

Ich fragte mich, wie denn die verbrauchten Energien wieder aufgeladen würden. So, als könne Chumbuur meine Gedanken verstehen, segelte er zu einem Ort, an dem deutlich die verbrauchten, abgestandenen Energien zu sehen und zu spüren waren. Dieser Ort war dunkel und all seine Farben waren erloschen. Er näherte sich dem Ort und spie Feuer hinein. Dadurch konnten sich die Energien transformieren. Sie schienen sich aufzulösen. Erst dann konnte er sie einatmen und verschlucken. Gleichzeitig schienen die erneuerten Lebensenergien über die Schwanzspitze in die Drachenlinien wieder einzufließen. An den Kreuzungspunkten der Linien konnte ich Energieströme aus dem Kosmos in die Erde und an anderer Stelle von der Erde wieder zurück zum Kosmos fließen sehen. Ein Kreislauf von Transformation und Erneuerung, das Halten und Stärken der Lebenskraft für alle Wesen der Erde.

Dann erklärte mir Phaëtona, dass wir jetzt durch Zeit und Raum fliegen würden. Wie sollte das gehen? Er zeigte mir in einem Raum einen Spiegel, der uns widerspiegelte, wir uns also darin sehen konnten. Die Oberfläche war wie Wasser, tiefgründig und trotzdem einladend. Darin sah man sich jedoch als ein ätherisches Wesen, nicht körperlich-materiell. Nach dem Hindurchfliegen empfing uns auf der anderen Seite ein anderes Reich, eine andere Welt, eine andere Zeit.

War das so? Oder waren wir in einer parallelen Welt? Eigentlich waren beide Reiche nicht voneinander getrennt, sie konnten parallel nebeneinander existieren, sie konnten sich auch durchdringen. Örtlich wie auch zeitlich. An diesen Durchdringungen bzw. Überschneidungen existierten Tore, durch die in die anderen Welten gereist werden konnte. Aber der Mensch in seiner Unwissenheit brauchte die Hilfe eines Spiegels, um sich von seiner realen Welt in die Anderswelt begeben zu können.

„Was ist meine Aufgabe in dieser Welt?", fragte ich. „Komm und schaue es dir an." Wir flogen durch das Erdenreich und die darin befindlichen Räume und Höhlen der Erdwesen, Zwerge und Gnome, sie winkten uns zu. Wir flogen durch den Erdenraum in den Himmelsraum und wir trafen auf Luftelfen und Schwarze Drachen, die für die Luftbewegungen zuständig waren. Durch die Seen und Meere, vorbei an Nixen und Wassermännern, deren Aufgabe es war, für die Bewegung und Sauberkeit der Gewässer zu sorgen. Und über die Landschaften der Berge und Täler mit ihren Wäldern und Wiesen und den Elfen, die sich um die Pflanzen sorgten. Ich verstand alles und überall entdeckte ich die Schönheit der Natur.

„Erhalte sie und zeige sie den Menschen, lehre sie, mit der Natur harmonisch zu leben. Nur so können wir alle weiterleben."

Der Flug ging weiter und auf einer Bergkuppe sah ich einen riesigen Erddrachen sitzen, der ein Erdheiligtum in Form einer Schale bewachte. Leider hatten die Menschen vor vielen Jahrhunderten eine Festung darüber gebaut und das Erdheiligtum gab es nur noch in seiner Erinnerung. Ich verstand die Aufgabe. Die Reise endete mit diesem Ziel und ich fand mich auf meiner Filzmatte wieder. Ich bedankte mich bei beiden für diese Erfahrung.

War es das, weswegen Rheanna in die Welt der Menschen inkarnierte? Die Natur, wie sie einst in ihrer Schönheit und Vollkommenheit war, zu retten? Bevor der Mensch sie gänzlich zerstörte? Aber ich war ja Petra, und genauso auch Rheanna! Also lag es doch an mir, es zu tun? Es war nicht leicht, zu verstehen, was war meine

Aufgabe und welche die von Rheanna. Waren wir ein Wesen? Oder doch zwei?

Ich überlegte, wie konnte ich diese Aufgabe durchführen? Der Versuch, dies über Seminare zu ermöglichen, die ich wochenlang vorbereitet hatte, scheiterte an dem Ausbruch der Pandemie mit dem gekrönten Virus. Alles wurde storniert und aufgehoben. Kein Seminar fand statt. Warum gerade zu dieser Zeit? Welche Mächte wollten vielleicht da etwas verhindern? Ich war und bin kein Anhänger von Verschwörungen, aber die Frage sollte mal gestellt sein. Oder war einfach mein Ansatz zum Lehren nicht der Richtige? Warum wurde ich gerade in dieser Zeit erinnert?

Schwerste Unwetter mit weitreichenden Folgen erschütterten seit einiger Zeit unser Land. Hatte ich zu lange gewartet? War denn noch genug Zeit, etwas zu verändern und um meiner als Rheanna gestellten Aufgabe gerecht zu werden? In den vielen Inkarnationen davor hatte ich mich als Waldfrau Rheanna nicht mehr an meine Aufgabe erinnert. Und jetzt erschien die Aufgabe umso dringlicher – jetzt erinnerte ich mich wieder. Erkannte ich jetzt, wer Rheanna ist oder wer sie war? Und war es an der Zeit, jetzt etwas zu verändern, solange wir noch die Möglichkeit dazu hatten? Es war nicht mehr 5 vor 12, sondern bereits 1 Minute vor 12.

Kapitel 4 – Ein Zaubermärchen

Allerleirauh

Sie sitzt im Frühstücksraum in einem Landhotel am Bodensee. Es regnet und stürmt, der Herbst ist genau an diesem Wochenende eingetroffen. Eigentlich eine gute Zeit, um seinen Gedanken nachzuhängen. Sie erinnert sich an ihre Kindheit, sofern sie sich daran erinnern kann. Nur Bruchstücke, Fetzen sind vorhanden, alles andere ist wie ein dunkler Raum. Ein Raum, in dem bestimmt ihre Kindheit, ihre Erinnerung verborgen liegt. Aber wie kommt sie daran? Was braucht sie davon?

Aber daran erinnert sie sich: Sie sitzt auf dem Tor der Einfahrt und schlenkert mit den Beinen, das Tor schwingt mit dem Rhythmus ihrer Beine mit. Das macht Spaß und sie hat ein gutes Gleichgewicht auf dieser schmalen Stange. Jedoch ihr Vater schimpft mir ihr und ist böse auf sie, obwohl sie sich keiner Schuld bewusst ist.

Wie wäre es gewesen, wenn ihr Vater Sorge gehabt hätte, sie könne herunterfallen und er sie zur Vorsicht ermahnt? Sie stellt sich vor, er breitet dann die Arme aus und sie springt zu ihm herüber. Sie würde in seinen starken Armen landen und seinen Geruch genießen. Das ist „mein" Papa, hätte sie vielleicht gedacht und während er sie behutsam auf den Boden stellt, nimmt sie ihn bei seiner doch viel größeren und starken Hand und sie wären einen langen, gemeinsamen Weg gegangen.

Der Sturm treibt hohe Wellen an den Strand. Man kann kaum an ihm entlang gehen, so stark bläst der Wind. In ihr brodelt es, wie der Wind das Wasser des Bodensees zum Brodeln bringt. Möchte doch etwas an die Oberfläche kommen, was tief in ihr vergraben ist? Es hat mit ihrem Vater zu tun. Seit ihrem 8. Lebensjahr ist er nicht mehr Teil der Familie. Lange Zeit redet sie sich ein, ihn nicht zu brauchen. Doch wie wäre es gewesen, wenn er noch als Vater an ihrer Seite gestanden hätte? Gibt es doch so vieles, was man mit ihm bespricht und nicht mit der Mutter. Gemeinsame Urlaube mit der Familie machen und nicht mit dem Freund der Mutter, der keine Beziehung zu diesem Mädchen hat. Der erste Freund, der erste Job …

In der Zeit der Konfirmation meldet sich der Vater wieder. Er fährt ein großes Auto und er will sie in seinem Umfeld, seinem Bekanntenkreis präsentieren, kleidet sie ein, führt sie zum Essen aus, will sie im Tennisclub anmelden und ihr das Reiten ermöglichen. Ihrer jüngeren Schwester schmeichelt das. Sie als die Ältere denkt jedoch immer, sie sei die „Vernünftige" von beiden. Also bricht sie bald danach den Kontakt zu ihm ab. Was will er von ihr? Er hat sich 6 Jahre nicht um sie gekümmert und nun all diese Bestechungen? War er doch schon mit einer neuen Frau verlobt, bevor er die Scheidung bei ihrer Mutter einreichte. Dieser Verrat an ihr, an ihrer Familie, schmerzt sie zutiefst. Er lässt sie so einfach zurück, obwohl sie ihn eigentlich doch braucht. Es ist ihre Enttäuschung, die den Kontakt zu ihm abbrechen lässt.

Zum Schutz legt sie sich eine harte Schale zu, einen Mantel aus tausenderlei Pelz und Rauwerk, so wie ihn auch Allerleirauh getragen hatte und hüllt sich darin ein. Sie rußt sich das Gesicht und versteckt ihre innere Schönheit darunter. Damit kann und will sie niemanden an sich heranlassen, so tief steckt der Schmerz in ihr.

Eines Tages, als sie selbst ein Kind erwartet und sich der Vater des Kindes nicht um sie kümmert, lernt sie einen Mann kennen, viele, viele Jahre älter als sie. Er begegnet ihr mit Respekt und Achtung. Bei ihm fühlt sie sich wohl, nicht wie eine Frau bei ihrem Mann, sondern wie eine Tochter bei ihrem Vater, aber auch wie echte Freunde. Dennoch, er war nur ein Freund, der alsbald nicht mehr kam und nicht ihr Vater war und auch nicht der Vater ihres Kindes.

Und sie träumt, wie sie als die Erstgeborene die geliebte Tochter ihres Vaters ist, er ihr abends Geschichten vorliest, er sie bei ihren

Schulabschlüssen begleitet, ihr beisteht bei der Geburt ihres ersten Kindes. Sie träumt davon, wie er als Großvater seinen Enkel in den Armen hält, ihn aufwachsen sieht, ihn das Fahrradfahren lehrt und zu seinen wichtigen Fußballspielen begleitet. Und sie spürt seine Bewunderung und den Stolz, als sie selbst mit über 48 Jahren das Studium besteht und ihr erstes eigenes Büro eröffnet. Und sie sieht sich mit ihm im Garten sitzen und über alte Zeiten erzählen. Wie er von seiner Familie, ihren Ahnen, berichtet und wie er durchs Leben geht. Sie hat Sehnsucht nach ihm. Er ruft an und fragt, wie es seiner geliebten Prinzessin geht und er erzählt von dem, was ihn bewegt. Sie ist berührt von seiner Stimme, von der Anteilnahme an ihrem Leben und sie weiß, das ist der beste Papa der Welt.

Und sie träumt, wie auch der Vater ihres Sohnes am Leben ihrer Familie teilnimmt. Sie träumt, wie sie dem Königssohn begegnet, der sie liebt und achtet und ehrt. Und auch ein Stück weit verehrt. Den auch sie lieben und achten und ehren kann. Und wie sie beide gleichwertig ihren Alltag bewältigen und sich aufs Leben freuen. Und wie sie beide gemeinsam alt werden und ihren Kindeskindern aus ihrem Leben erzählen werden.

Der Surfer reitet gekonnt auf den brodelnden Wellen und der Wind treibt das Segel voran. Und sie geht am Ufer entlang, an dem sich die Wellen brechen. Die Wogen werden sich glätten, eines Tages und immer wieder. Und eines Tages wird der Schmerz nicht mehr so schmerzhaft sein. Und sie hat ja immer noch den Umhang aus tausenderlei Pelz und Rauwerk, in den sie sich einhüllen kann, wenn ihre Erinnerungen ihr wieder zu nahe kommen.

Wie das Märchen lebt

Es war einmal eine Buche, groß und mächtig; sie stand in einem Garten. Und das war schon außergewöhnlich, denn zu dieser Zeit fand man viele andere Baumarten in Gärten, aber keine Buchen mit diesem Alter, und vor allem nicht in einem Garten, sondern eher im Wald oder am Waldrand.

Es begab sich zu einer Zeit, die längst vergangen war und wieder kommen wird, als eine Frau auf Wohnungssuche war, da man ihr ihr Domizil aufgekündigt hatte und sie bei der Besichtigung einer neuen Wohnung diesen Garten betrat. Da stand er, dieser Baum, mit deren Gruppenseele sie schon so viel erlebt hatte. Sie waren Wächter, Botschafter und meist Älteste eines Waldes. Wie eine Kathedrale spannten sich ihre Kronen über eine Lichtung und hüllten diese in ein magisches Licht.

Die Frau bezog diese Wohnung, allein schon wegen dieses Baumes. Sie spürte, dass seine magische und heilende Kraft noch viel mit ihr zu tun haben würde. Und dass ihre Sehnsüchte hier Nahrung finden würden. Sie träumte davon, wie sie als Kind voller Freude und frei von Zwängen in einer Wiese barfuß tobte oder wie sie, voller Vertrauen, auf dem Rücken eines Rappen am Meeressaum entlang galoppierte. Der Wind durchstreifte ihr langes Haar, die Hufe wirbelten sanft die Gischt des Meeres auf. So fühlte sich wahre Freiheit an?

Ein Buntspecht klopfte nebenan im Holz.

Sie saß auf einer Steinmauer und ließ die Beine baumeln, wie einst auf dem Gartentor, als ihr Vater sie dafür schimpfte. Sie dachte über ihr Leben nach, was sie schon alles erlebt hatte. Nichts war eintönig, vieles Herausforderung, meist hatte alles einen Sinn. Doch vieles schmerzte auch und grub sich tief ein, ließ sie reifer, aber auch härter werden. So wie das Holz dieses Baumes, das im Alter härter, aber auch immer edler wurde. Ein Mantel aus Allerleirauh verlieh ihr eine schützende Hülle. Einige ihrer Gefährten verstarben früh oder verließen sie. Und sie träumte noch immer von dem Ritter auf einem schwarzen Hengst, der sie eroberte und ihr Herz berührte.

Die Buche konnte als einzelner Baum groß und stark und mächtig werden. Sie bräuchte nicht unbedingt die Anwesenheit anderer Bäume. Geht es dieser Frau genauso? Bräuchte sie die anderen Menschen? Bräuchte sie den Mantel aus Allerleirauh, um sich darin einzuhüllen, wenn sie wieder einmal traurig oder einsam ist? Vielleicht wäre es gut, ihn zu behalten, um nicht ganz nackt dazustehen. Auch die Buche trug ihr Baumkleid und erneuerte es jedes Jahr wieder.

Der Umzug in die neue Wohnung tat ihr gut. Die Buche hatte die Empathie eines jungen Vaters, der sich aber auch mütterlich um seinen Nachwuchs kümmerte. Wo war ihr Vater, als sie ihn brauchte? Er hatte für sich anders entschieden und hatte die Familie verlassen, um seinen eigenen Weg zu gehen. Das sollte sie akzeptieren, auch wenn es sie traurig stimmte.

Es hat sie damit aber auch stärker gemacht, sie hat ihren eigenen Weg finden können und durch die Liebe zu den Bäumen hat sie vieles verstehen und auch heilen können. So hängt nun der Mantel von Allerleirauh immer öfter und immer länger im Schrank. Als sie ihn mal wieder hervorholt, bemerkt sie, dass er transparenter wird, durchlässiger und weicher. Sie hängt ihn sich um und spürt die Kraft des Waldes, der Bäume und seiner Lebewesen. Sie spürt nun die neue Kraft des Mantels von Allerleirauh. Und in diesem Mantel stecken nun alle Erinnerungen ihres Lebens und sie möchte keine davon missen. Denn diese Erinnerungen und diese Erfahrungen haben sie zu dem Menschen gemacht, der sie heute ist: Eine weise Frau, eine Schamanin.

Die Buche

Großvater Eiche stand am Rand eines Buchenwaldes und immer, wenn Rheanna Zeit zum Nachdenken brauchte, ging sie dorthin, dorthin wo man Ruhe findet, und Visionen empfangen konnte.

Der Geruch des feuchten Waldes zieht an mir vorbei, ich sauge ihn auf wie ein Elixier, das mich am Leben erhält. Das Blätterdach über mir stammt von Buchen. Sie bilden einen Raum, wie eine Kathedrale, mit einer geschlossenen Laubdecke. Da die Buche keinen Kork oder eine borkige Rinde haben, sind sie sehr dünnhäutig und schützen sich mit einem geschlossenen Laubdach oder stehen unter ihresgleichen. Ich kann mich immer wieder an den Geruch von Moos und Wald erinnern, an meine Heimat als Heilerin, als Rheanna.

Hinter meinem Büro gibt es ihn, diesen Buchenwald. Mit seinem Wächter, der mich zu den Drachenfreunden geschickt hatte. Dort ist das Tor zur geistigen Welt durchlässig und gleichzeitig ist die Verbindung zu Mutter Erde sehr tief. In diesem Wald fühlt man sich geborgen, zu Hause.

In meiner letzten Heimat stand eine Buche, ein Solitärbaum, groß und mächtig überragte sie das Terrain. Ihre Zweige reichten bis zum Boden, damit schützte sie ihren empfindlichen Stamm. Sie war der Grund hierherzuziehen.

Im heißen Sommer 2022 mit abendlichen Winden von über 33° Celsius wurden im Juli binnen weniger Tage auf der Süd- und Westseite die Blätter der Buche gedörrt. Der Wind streifte durch diese grünen, trockenen und raschelnden Blätter. Sie warf sie eine Woche später in hellbraunen Tönen, ohne herbstlich-rote Verfärbung ab. Auch die Bucheckern wurden, vertrocknet, früh abgeworfen. Allerdings hatte sich die Buche an der Ost- und Nordseite einige Äste mit einem grünen Blattwerk erhalten. Es war nicht das Wasser an den Wurzeln, das ihr fehlte. Sie kam mit den heißen, trockenen und Sahara-ähnlichen Luftmassen nicht zurecht. Und wie vielen unserer Bäume erging es so?

Die Buche ist ein sehr würdevoller Baum und steht für Weisheit und Transzendenz. Unter ihrem Dach können wir still werden und mit Mutter Erde in Einklang kommen.

Ich freue mich darauf, wenn sie im nächsten Frühjahr mit einem neuen, vollständigen Blattwerk aufwartet.

Leider konnte ich dieses Wunderwerk der Natur nicht mehr weiter beobachten, da ich diesen Raum, diese Wohnung im Frühjahr verlassen habe. Ich hatte die Chance erhalten, Büro- und Privaträume wieder in einem Haus zu vereinen und ich zog in eine Waldstraße ein.

Die tanzenden Olivenbäume

Vor vielen Jahren, im Winter 2016/2017, fand ich einen Hain am Gardasee mit einer Vielzahl von Olivenbäumen. Sie waren unterschiedlich alt, junge Bäume vermischten sich mit den alten. Sie hatten etwas Besonderes an sich: Sie schienen zu tanzen, auf ihren einzelnen Stämmen bewegten sie sich weg von ihrer Mitte, hin zu einem weiteren Seitenstamm. Manche Stämme kreuzten sich und schienen sich wie ein Tanzpaar zu umrunden. Der Klang eines Walzers tauchte in meinem Ohr auf. Und alle schienen diesem Rhythmus zu folgen.

In diesem Hain hatte ich das Gefühl, selbst zum Tanzen aufgefordert zu werden. Ich ließ meinem Drang freien Lauf und umrundete tanzend diese prachtvollen Bäume.

„Ja, tanze. Lasse deinem Leben

freien Lauf. Ihr Menschen könnt euch bewegen, wir sind hier fest am Platz gebunden. Das ist unser Schicksal. Aber wir können euch zeigen, wie ihr euch energetisch bewegen könnt, denn das können wir auch. Tanze mit uns, reiche mir deine Hände und bewege dich im Takt dieser Musik, die du hörst." Und ich tanzte und tanzte und tanzte. Immer im Rhythmus dieser Musik, die wohl nur ich und natürlich diese Olivenbäume hören konnten.

Ich war verblüfft. So etwas kannte ich damals noch nicht. Aber sie begleiteten mich immer wieder in meiner Erinnerung, als die „tanzenden Olivenbäume".

Mein Innerer Baum

Ende der 1990er-Jahre hatte ich meine erste große spirituelle Erfahrung mit den Bäumen gemacht. Ein mir befreundeter Geomant veranstaltete ein „Baumseminar" und führte uns Teilnehmer in die Charakteristik der unterschiedlichen Bäume ein. Zwei Erinnerungen an dieses Seminar prägten meine Beziehung zu diesen prachtvollen Lebewesen. Zum einem die bereits vorgenannte Botschaft einer alten Eiche, genannt „Großvater Eiche", die mich und meine Suche über 30 Jahre lang begleitete. Es war die Aufforderung, mich wieder an mein Versprechen zu erinnern, das letztendlich zu diesem Buch führte.

Die zweite Erinnerung ist die Identifikation mit einem Baum: „Werde zu diesem Baum und koste seine Kraft und seine Fähigkeiten." Es war ein stattlicher Feldahorn, liebevoll nenne ich sie heute „Ahörnchen". Es war eine angeführte Meditation des Seminarleiters und nach kurzer Zeit ging meine Aufmerksamkeit in den Baumstamm über. Ich wurde zu diesem Stamm und fühlte, wie sein Leben durch die Rinde pulsierte und immer weiter sich nach oben zu den Blättern zog. Ich spürte das warme Sonnenlicht durch seine Blätter, es durchtränkte meine Haut. Ich beobachtete, welche Tiere, Vögel und Insekten sich in seinem Laubdach aufhielten. Sie kamen und gingen wieder, Nester wurden gebaut und Jungvögel flogen aus.

Dann wanderte meine Aufmerksamkeit den Baumstamm wieder hinab und tauchte in das dunkle Erdreich ein. Erst grobe und dann immer feinere Wurzeln durchzogen die Tiefe. Auch hier spürte ich das volle Leben, Würmer, Pilze, Käfer und vieles mehr. Und es ging immer weiter hinab in die Tiefe von Mutter Erde, bis ich eine Höhle erreichte. Sie leuchtete von innen heraus in einem goldenen Rot. Eine eigene, neue Welt eröffnete sich mir hier in diesem Reich der Zwerge. Sie tauchten neben mir auf und stellten sich mir sogleich vor, sie freuten sich, dass wieder jemand von dem Menschenvolk sie besuchen kam. Lange waren die großen Leute, wie sie sie nannten, nicht mehr bei ihnen gewesen. Drei dieser „Knirpse" zeigten mir stolz ihr Reich und führten mich durch die Höhlen voller Edelsteine: weiße, rote, blaue, gelbe, in allen erdenklichen Farben. Sie alle leuchteten und diese Lichtquelle schien von innen heraus und ließ sie lebendig werden. Es pulsierte das Leben darin, in den Steinen und in den Höhlen. Der Älteste von ihnen überreichte mir in einer der letzten Höhlen diesen roten Stein, so groß wie ein menschliches Herz, mit der Botschaft:

„Nutze diesen Stein immer dann, wenn Heilung notwendig wird." Nachdem ich ihn verdutzt angeschaut hatte, fuhr er fort. „Du wirst schon rechtzeitig wissen, wie und wann du ihn einsetzen kannst. Du hast es schon immer gewusst und wirst es immer wissen." Ich verstand immer noch nicht. Dies sollte sich erst viele Jahre später aufklären.

Und tatsächlich war dies so. Immer dann, wenn es Bedarf an Heilung an Menschen, an der Landschaft, an Naturwesen, gegeben hatte, konnte ich ihn dort übergeben und die Gesundwerdung konnte in dem Maße stattfinden, wie es für jeden richtig war. Und überraschenderweise kam der rote Stein immer wieder zu mir zurück!

Einige Jahre später riefen mir die Bäume zu, ich möge doch den Menschen ebenfalls ermöglichen, sich mit den Bäumen zu identifizieren, mit ihnen zu verschmelzen, um von ihnen Heilung, innere Kraft und Stärke zu erfahren. Der Baum ist dem Menschen sehr ähnlich. Auch er hat „Beine und Füße“, seine Wurzeln, mit denen er den Platz zwar nicht verlassen kann, aber sie wandern trotzdem kilometerweit. Der Stamm ist die Wirbelsäule, die ihn aufrechterhält. Sich zu beugen oder sich einem Platz anzupassen ist wie der Mensch, der sich in seinem Leben der Gemeinschaft anpasst und sich beugt. Und er hat eine Krone, wie der Mensch einen Kopf besitzt. In all diesen Körpern wohnt ein Geist inne. Die Faune der Bäume sind ihre Elementarwesen, die sich mit ihrer (Baum-) Seele verbinden. So wie es auch dem Menschen vorbehalten ist, ebenfalls ein Elementarwesen in sich zu tragen, verbunden mit der eigenen Seele beziehungsweise dem eigenen Seelenanteil aus dieser Inkarnation.

So nannte ich dieses Seminar „Mein Innerer Baum“, um die Menschen wieder an die Gefühls- und Erfahrungswelt der Bäume heranzuführen. Ihnen zu ermöglichen, die großartige Qualität der Baumriesen, mögen sie auch noch so klein sein, zu erleben.

Kapitel 5 – Ein Leben als Schamanin

Anima Loci

Ein kleines Dorf am Brombachsee. Mir wurde ein Grundstück dort zur Beplanung angeboten. Ich fuhr hin und schaute es mir an. Flach neigte es sich zum See. Eigentlich ein tolles Grundstück. Doch mein Gefühl sagte mir, dass irgendetwas nicht stimmte.

Ich nahm Kontakt mit der Anima Loci, der Seele dieses Landstrichs, auf und begrüßte sie. Sie war sehr verhalten, eine Antwort war kaum spürbar. Ich erzählte ihr von einem Projekt mit Häusern und Seminarräumen, von Menschen, die hier sein konnten, die lernen konnten, mit der Erde bewusster umzugehen und hoffte, sie damit begeistern zu können. Doch sie blieb sehr zurückhaltend. „Zeige mir, wie es dir geht", bat ich sie.

Und ich bekam von ihr ein Bild von diesem Grundstück und der Umgebung mit einem Wald, einem Urwald gleich. Dann wurde alles gerodet und das Holz wurde weggebracht. Und ich sah kriegerische Kämpfe über viele Jahre auf diesem Land. Diese Verletzungen hingen noch als Information an diesem Land fest. Dies führte wohl auch zum Kampf zwischen dem jetzigen Bürgermeister und dem Eigentümer, von dem ich später erfahren habe.

Ich fragte die Anima Loci, ob ich eine Heilung durchführen dürfe. Es kam keine eindeutige Reaktion von ihr. Dann bemerkte ich, dass es am Rand des Grundstücks einen Zwergenplatz gab, und schon standen die Zwerge um mich herum und begrüßten mich. Auf einem Zwergenplatz versammeln sich die Zwerge außerhalb ihrer Behausungen. Dort tanzten und feierten sie und dort empfingen sie auch Gäste. Er ist meist mit Steinformationen, mit Bäumen und Gebüschen umgeben. Sie zupften an meinen Gewändern, bis das Feengewand zum Vorschein kam. Nun wurde ich als eine der ihren erkannt und erhielt die Zustimmung zur Heilung.

Bis zu diesem Zeitpunkt hatte ich als Mensch Petra keine Erfahrung darin, es ja eigentlich auch noch nicht durchgeführt, aber es erschien wie selbstverständlich, als hätte ich das so schon immer gemacht und ich wusste intuitiv, was zu tun war. Und – als Mensch Petra – war ich ganz überrascht, was dann passierte. Ich nahm ein rechteckiges Stück aus meinem silbrig-goldenen Gewand, es löste sich von selbst, und ich legte es auf das Grundstück. Es war nicht größer als ein Blatt Papier. Doch in diesem Moment, wo es den Boden berührte, dehnte es sich auf die Größe und Form des Grundstücks aus.

Ich sah, wie sich einige Verletzungen und karmische Verstrickungen auflösten, wie wenn Nebel sich auflösten und der Raum harmonischer wurde. Sicher war noch nicht alles erlöst, aber es reichte vorerst, um einiges zu ordnen. Das Grundstück begann zu leuchten. Dabei bemerkte ich, dass der Projektgenius sich bereits einfand. So wie das Lebendige, das Seelenhafte in ein Gebäude einziehen kann, so kann es auch in einem Projekt einziehen. Der Genius war neugierig, jedoch noch zurückhaltend.

An der östlichen Grenze stand ein älterer Nussbaum. Ich spürte, seine Vitalenergie war sehr schwach. Wie spürte ich das? Ich bekam ein Bild von Nebel und Dunkelheit um Teile seiner Äste, seines Stammes und seiner Wurzeln, es war kaum mehr Lebendigkeit zu spüren. Womöglich hätte er den nächsten Winter nicht überlebt. Auch er benötigte Heilung und ich bot sie ihm an. Nachdem ich seine Zustimmung erhalten hatte, warf ich, wie ein Fischernetz, ein Stück meines Gewandes über seine Krone und es dehnte sich darüber hinweg aus. Alle Seelen der Bäume sind artspezifisch in einer Gruppenseele vereint. Spreche ich einen Baum in dieser Gruppenseele an, werden alle anderen ebenfalls mit angesprochen. Durch den Kontakt und der Verbindung zu einem uralten Nussbaum im Seminarhaus Sedlbrunn, den ich recht gut kannte, konnte die Heilungsarbeit zügig voranschreiten. Heute steht dieser Nussbaum wieder in voller Kraft da und trägt massenweise Nüsse, sehr zur Freude seiner Besitzer.

Heilung

Ich saß zu einer Übung am Mont St. Odile rittlings auf einem großen Felsen, meinen Stab querliegend wie Zügel haltend. Ich stellte mich dem Steinwesen vor, auf dem ich mich niedergelassen hatte und erzählte ihm von meinen Drachenfreunden zu Hause, von Phaëtona und Chumbuur. Er habe schon von mir gehört, mein Name sei in der Anderswelt bekannt. Er nenne sich selbst Sha`Al, stellte er sich vor. Dabei dehnte er beide Silben weit auseinander.

„Kannst du mir etwas von diesem Ort hier erzählen?“, fragte ich ihn.

Nach einer Weile hörte ich: „Heile erst deinen Schmerz, lasse ihn frei. Erst dann wirst du die Mysterien eines Ortes kennen und verstehen lernen können“, war seine Antwort in der typisch langsamen Art der Steinwesen.

Steinwesen bewegen sich, wenn sie sich überhaupt bewegen, sehr, sehr, sehr langsam. Das liegt an ihrer Dichte und an dem dazugehörigen Gewicht. Und so, wie sie sich bewegen, so sprechen sie auch – sehr, sehr, sehr langsam. Manchmal ist man gewillt, ihren Satz vorzeitig selbst zu beenden. Und sie überlegen lange, bevor sie sprechen. Und sie haben das Wissen von Jahrhunderten, von dem was hier auf der Erde passierte, in sich gespeichert.

„Du hast von den Zwergen ein Geschenk erhalten.“ Welches Geschenk meinte er? „Den roten Stein, den du schon vor langer Zeit von den Zwergen erhalten hast“, antwortete er, als hätte er meine Frage gehört. Er forderte mich auf: „Nutze ihn zu deiner eigenen Heilung. Lege ihn in deinen Herzraum.“

In diesem Moment sah ich, wie der rote Stein wieder zu mir zurückkam, die Zwerge brachten ihn zurück und überreichten ihn mir. Und in dem Moment, in dem ich ihn mit den Händen haltend in meinen Herzraum einfügte, spürte ich, wie sich die Mauern, die ich lange

Jahre sorgsam um meinen Schmerz errichtet hatte, durch die Berührung mit dem roten Stein auflösten. Der Schmerz trat durch mich hindurch, ich konnte ihn freilassen und endlich weinen. Ich weinte eine ganze Zeit lang, so viel Schmerz saß in mir. Nun spürte auch ich die heilende Kraft dieses Steines der Zwerge.

Dann erinnerte ich mich auch an mein Feengewand, das ich ebenfalls zur Heilung des Schmerzes einsetzen durfte.

Bei einer Meditation am nächsten Tag auf dem Feenplateau empfingen mich die Feen schon früh und ich wurde von ihnen begleitet. Ich fühlte mich behütet. Ich wurde eingeladen, sie in ihr Reich zu begleiten, in das Reich von Rheannas Familie. Die Reise führte uns in das Dorf der Feen. Wir überquerten eine Brücke und man zeigte mir den Weg zum Festsaal. Dort, im Festsaal, wurde ich von den Ältesten und der gesamten Sippe empfangen. Die Begrüßung war herzlich, man verbeugte sich vor mir und sprach mich mit Rheannas Namen an.

Ich trug mein silbrig-golden leuchtendes Gewand und ich fragte einen der Ältesten, was mir die Ehre verschaffte, es zu erhalten.

„Du hast vor vielen Zeiten den Ruf von Großvater Eiche gehört und die Erinnerung an das Versprechen von Rheanna an uns erhalten." Der Älteste wählte sorgsam seine Worte, bevor er weitersprach.

„Und du hast immer nach dem Inhalt dieses Versprechens gefragt und nach dem Weg gesucht, dieses Versprechen zu erfahren und einzulösen. Wir haben dich in all diesen Zeiten begleitet", sprach ein anderer Ältester.

„Als die Zeit reif war, hast du von uns dieses Gewand erhalten. Du kannst dich sicher noch gut daran erinnern, als wir es dir anlegten?" Ja, daran erinnerte ich mich sehr gut, es war vor ein paar Jahren in Irland unter einem Feenbaum. Ich war über dieses Geschenk sehr berührt.

„Was kann ich mit dem Gewand tun?", fragte ich. „Eines hast du schon kennengelernt, seine Heilwirkung. Aber du hast damit auch Zugang zu unserem Wissen, unserer Medizin, unserer Landeskunde, unserer Architektur", hörte ich ihn sagen. „Du bist eine Erdenhüterin, so erfuhr Rheanna es in ihrer Initiation zur Schamanin. Du trägst das Wissen dazu in dir." Er schwieg und beobachtete meine Reaktion darauf. Ich war erstaunt, denn das war mir etwas Neues. „Und es gibt noch vieles mehr." Damit beendete er das Thema, bevor ich weitere Fragen dazu stellen konnte.

„Aber …", begann er noch einmal, „es ist besser, du machst deine eigenen Erfahrungen, so wie du es an diesem Gelände an dem See gemacht hast. Ganz intuitiv hast du dich darauf eingelassen und das war gut so." War das die Heilungsarbeit am Brombachsee, die er meinte? Er nickte.

Sie führten mich, als Mensch, noch durch ihre Hallen und erzählten von ihrem Reich und von ihren Familien- und Sozialstrukturen. Und sie erzählten mir noch von dem Leben der Waldfrau Rheanna. Ich war stolz, sie zu sein. Wo ihr doch aus ihrer Sippe so viel Demut und Ehrerbietung entgegengebracht wurde. Das hatte ich in meinem jetzigen menschlichen Leben leider nicht erfahren.

Wildheit

Wieder ein Seminar. Der Winter neigte sich bereits dem Ende zu. Ein Gang in die Natur. Ein Schritt über die Schwelle. Ein anderer Raum. Eine andere Zeit im Raum.

Ich sprang von Baum zu Baum, von Strauch zu Strauch, um sie alle zu begrüßen und wahrzunehmen. Ich fühlte mich mit allen in diesem Raum verbunden, der doch so weit reichte. Ich entdeckte eine Kante mit Moos und nahm es in die Hände, führte es vors Gesicht. Ich atmete diesen waldigen Geruch tief ein und erinnerte mich: Ich bin Rheanna.

Ein Vogelnest war durch einen Sturm herausgefallen, ich schob es wieder in die Astgabel zurück. Der Ruf des Vogels erlosch, er kümmerte sich um sein Nest und baute es weiter aus.

Drehend und wälzend rollte ich den Hang im Schnee entlang

und spürte die Kraft von Mutter Erde unter mir. Ich verspürte eine tiefe Verbundenheit mit der Natur, den Wesen und den Tieren. Ich lauschte den Rufen der Vögel, die bereits begannen, auf Brautschau zu gehen. Sie flogen an mir vorbei, um mich herum. Ein Rotkehlchen saß neben mir im Strauch und beobachtete mich. Und wieder wurde es mir bewusst: Ich bin Rheanna, die Waldfrau, verbunden und in der Einheit mit Gaia.

Noch einmal nahm ich das Moos auf, das so nach meinem Wald roch und verspürte Sehnsucht nach meiner ursprünglichen Heimat am Waldrand bei Großvater Eiche und meiner kleinen Hütte. Tränen füllten meine Augen und eine tiefe Traurigkeit stieg in mir empor. So lange war ich schon fern meiner Heimat – ich würde wieder zurückkommen – bald?

Ich verabschiedete mich von diesem Raum, von dieser Heimat und verließ ihn als reife Frau, als Weise und trug Rheanna in meiner Erinnerung.

Traurigkeit

„Du bist einfach gerade in deiner Traurigkeit und wenn du versuchst, sie wegzuschieben … dann pinkeln dich die Wesen einfach nur an." Das waren die Worte meiner Seminarleiterin, als ich ihr erzählte, dass mich zuerst ein Vogel aus dem Baum anpisste, unter dem ich meditieren wollte und dann pinkelte mich eine schwarz-braune Kröte, die auf meiner Hand saß, an. Ich war traurig, denn ich fand an diesem Tag keinen Zugang zu den Naturwesen. Und nun pinkelten mich auch noch alle an?

„Was musst du alles tun, damit es gelingt? Und wo musst du gar nichts tun? Dieses TUN müssen, spüre ich bei dir immer wieder. Du musst viel dafür tun – du musst viel erzählen, damit man dich sieht. Und wenn du nichts tust, dann kommt die Traurigkeit." Klare Worte meiner Seminarleiterin und Freundin. „Ehrlicher ist es, eine traurige Braut zu sein, aber trotzdem Braut zu sein. Hierbei geht es um die verbindenden Kräfte zwischen dir und der Natur. Und die Verbindung ist immer da, die Waldfrau weiß darum. Die Frage ist, wie viel musst du dafür tun? Und wo darfst du einfach Sein? Auch die Erdkröte zeigte sich einfach im Sein", waren ihre Worte. „Die Waldfrau erhält ihre Kräfte aus dem Sein, nicht aus dem Tun."

„Nicht wegschauen von dem, was gerade ist, auch wenn es dir manchmal schwerfällt. Und wenn du es versuchst, wirst du angepinkelt. Super, die Wesen weisen dich darauf hin. Sie sind nicht immer nett und freundlich und schön und bereichernd, wie wir es kennen. Sondern angepinkelt werden ist bereichernd, weil es dich auf etwas hinweist. Und wenn du in diesem Kreis traurig bist, ohne viel zu sagen, dann bist du genauso willkommen."

Entschleunigung

Die Flugzeuge zischen am Himmel wie Kometen kreuz und quer. Wo ist die Entschleunigung vom Lockdown im Frühjahr 2020 geblieben? Auch mich hat es wieder eingeholt, das normale Leben.

Sind wir nicht mehr fähig, um selbst zu entschleunigen, ohne Zwang oder Aufforderung von außen? Können wir diese Entschleunigung nicht mehr in unser Leben integrieren? Sind wir schon so süchtig nach „Mehr und mehr"? Ich nehme mich da nicht heraus, ich ertappe mich dabei, wie ich, aus Gewohnheit, in alte Muster verfalle. Diese Muster prägen den Menschen, wie seine DNA ihn prägt.

Doch immer wieder werde ich aufgefordert, mich zu erinnern. In einer meditativen Reise in mein Innerstes begab ich mich in Begleitung meines Geistführers in meinen Herzraum.

Eine große, rote Waldameise kam zu mir. Ich konnte ihre Verbundenheit zu ihrem Volk und zu Mutter Erde wahrnehmen. Gemeinsamkeiten zu haben und trotzdem ein Individuum im großen Staat der Ameisen zu sein. Sie lebten unter der Erde, nahe am Pulsschlag von Gaia. Sie forderte mich auf, mich zu einem Ganzen, zu einer Persönlichkeit zusammenzufügen.

„Lasse es in Ruhe angehen", ließ mich die Ameise wissen. „Habe den Mut, dich hervorzutrauen und dich zu zeigen. Das Zutrauen zu den Menschen und, letztendlich zu dir selbst, wird dann zu deinem eigenen Wohlergehen und zu deiner eigenen Stärke wachsen. So kannst du die Aufgabe von Rheanna annehmen."

Eine Botschaft

Eines Morgens auf dem Weg ins Büro bemerkte ich auf der gegenüberliegenden Fahrbahn einen Vogel auf dem Asphalt liegen, der den Kopf anhob. Also lebt er noch, dachte ich mir und stellte mein Auto mit laufendem Motor, Warnblinker und offener Fahrertür am Fahrbahnrand ab. Ich fahre ja gleich wieder, dachte ich mir.

Er lebte wirklich noch, war aber ziemlich benommen. Ich nahm ihn vorsichtig auf, gerade eine Handvoll Vogel. Er schien nicht zu bluten, hechelte durch den geöffneten Schnabel. Man sah ihm seinen Stress an. Es war ein Eichelhäher.

Fast schon zutraulich saß er in meiner Hand und klammerte sich an einem meiner Finger fest. Er ließ sich streicheln und versuchte, seine Flügel zu bewegen.

Der Motor lief noch immer, jeder hätte wegfahren können. Also stieg ich mit dem Vogel in der linken Hand ein, schaltete den Motor aus, zog die Handbremse an, stieg wieder aus und schloss die Tür. Aber den Schlüssel ließ ich immer noch stecken!

Der Eichelhäher machte keine Anstalten, wegzufliegen.

Ein Stück weiter die Straße hinauf gab es mehrere Eichen und Nussbäume, die eine Wiese säumten. Ich ging auf die Wiese und hüllte ihn in ein Teilstück meines Gewandes ein. Er ließ mich nicht los, klammerte sich fest an meinem Ringfinger. Vertrauensvoll schaute er mich an, hatte kein Gleichgewicht mehr und kippte. Immer wieder versuchte er, seine Flügel zu schlagen und auszubreiten. Sie waren, zum Glück, nicht verletzt. Er war wohl vom Aufprall noch benommen und kippte immer wieder nach vorne. Ich stützte ihn unter der Brust. Er fühlte sich gut an und ließ es mit sich geschehen.

„Eichelhäher, warum fand ich gerade dich zu einem Zeitpunkt, als ich darüber nachdachte, ein Grundstück zu erwerben. Welche Botschaft hattest du für mich? Hast du eine Warnung für mich? Sollte ich gut auf mich Acht geben, in meine Mitte kommen, um keinen Fehler zu begehen? Wovor warnte er mich? Er riskierte sein Leben damit."

Dann flog er auf einen Ast am nächsten Baum und hinterließ das Gefühl einer neuen, alten Freundschaft. Er ließ mich spüren, dass er bei mir war und immer, wenn ich an diesem Grundstück vorbeifuhr, richtete ich einen freundschaftlichen Gedanken an ihn.

Ich denke noch immer an sein zartes Gefieder und seine klaren, freundlichen Augen. Noch immer spüre ich seinen Griff an meinem Ringfinger, vertrauensvoll in meiner Hand sitzend.

In den Wochen darauf ließ der Umsatz meines Büros sehr zu wünschen übrig. Der Krieg in der Ukraine und Materialpreisverteuerungen reduzierten die Anzahl von Aufträgen. Hätte ich zu diesem Zeitpunkt das Grundstück erworben, wäre mein Erspartes dorthinein geflossen. Und so konnte bzw. musste ich es kurzfristig in mein Büro investieren. Ich bedankte mich bei ihm, dass er sich „opferte", um mich vor einer Fehlentscheidung zu warnen.

Im Gegenzug habe ich ihn rechtzeitig von der Straße aufgehoben, bevor ihn ein Fahrzeug erfassen konnte. „Und dich habe ich rechtzeitig bemerkt und so konnten wir uns – gegenseitig - beide retten, um beide nicht überfahren zu werden."

Die Lichtfeen

Das Volk der großen Feen, von dem Rheanna abstammt, kam einst aus dem Universum, aus einem interstellaren Raum. Ihre Essenz, zu der sie sich entwickelt haben, ist das Lichte und das Elementarhafte. Während sich der Mensch in das Körperliche über Jahrtausende wandelte, übernahmen die Lichtfeen die Körper von Elementarwesen und wurden so halb unsichtbar, halb sichtbar. Als der Mensch immer rationaler und mentaler wurde, konnte er die Lichtfeen nicht mehr wahrnehmen.

Durch die Verwandtschaft mit den Elementarwesen haben sie die Gabe, auf die physische Welt der Erde Einfluss zu nehmen und so schöpferisch und heilend zu wirken. Somit können sie das Zusammenbrechen von natürlichen Lebenssystemen auf der Erde verhindern. Jedoch haben sie die Intention, nur und erst dann einzugreifen, wenn die physischen Bedingungen auf der Erde kollabierten. Und sie haben keinen Einfluss auf menschliche Entscheidungen, nur auf deren Folgen.

Und sie stehen in starker Resonanz zu einer weißen Drachin, die sie vor den Menschen und den Drachentötern schützen. Die weiße Drachin verkörpert die Weisheit und Liebe von Gaia, von Mutter Erde. Eine weiße Drachin kam als Drachenei zu mir, es wurde mir in einer Trance überreicht und schlüpfte in meinem Beisein. Heute ist meine Drachin ein wahrer Begleiter, ein Spirit auf allen Ebenen. Und die weiße Drachin kann sich als Botin in der Form einer weißen Eule sichtbar machen.

Die Lichtfeen, oder Sidhe („Schi“ gesprochen), wie sie sich nennen, gibt es als eine alte Kultur in Irland. Dort sind sie das erste Mal bekannt geworden, viele Mythen und Geschichten begleiten sie. Sie leben in einer unteren Welt, dort werden die Nachkommen aufgezogen, sofern sie welche haben. In der mittleren Welt ist ihr Lebensraum, in dem sie sich treffen, Nahrung zu sich nehmen und – vor allem – ihre Feste feiern. In der oberen Welt sind die Ältesten zu Hause, halten Rat, beobachten das Weltgeschehen und den Kontakt zu ihren ursprünglichen interstellaren Ursprüngen. Diese Welt der Sidhe ist der Form des Weltenbaums wie aus der nordischen Mythologie mit den drei Welten in unserer schamanischen Vorstellung sehr ähnlich. Der Weltenbaum, meist benannt als Weltenesche, verbindet die drei Ebenen, Unterwelt, Mittelwelt und den Himmel als Obere Welt miteinander und es steht als Weltenbaum Yggdrasil im Zentrum der Erde. Da sich sein Leben immer wieder erneuert und, vielleicht auch weil er immergrün ist, ist die Weltenesche auch ein Sinnbild für die Unsterblichkeit der Seele.

Sheela-na-gig

Bei meiner vorletzten Irlandreise 2014 begegnete sie mir zum ersten Mal. Hoch oben an einer Wand angebracht, kaum zu entdecken – eine Skulptur in der typischen Sitzhaltung, mit beiden Händen die Vulva ausbreitend, um dem Lebensstrom ins Land nicht zu behindern und ihn fließen zu lassen. Einen direkten Kontakt hatte ich erst bei der Abreise im Nationalmuseum in Dublin, wo eine alte Skulptur ausgestellt war. Ihre Lebendigkeit war sofort zu spüren. Ihre Botschaft lautete: „Ich gebäre mich in die Natur, ich nähre dich und sehe dich. Mit meinem dritten Auge habe ich die Verbindung zur geistigen Welt. Alles lebt durch mich."

Sheela-na-gig ist eine irisch-keltische Göttin des Schutzes, der Geburt, des Todes, der Fruchtbarkeit, der Lebensfreude und der weiblichen Kraft. Sie verkörpert die alte Erdgöttin, die mit ihrer Vulva Kinder gebärt und wieder in ihren Schoß aufnimmt. Ihre meist dreieckige Form der Vulva deutet auf die Dreifaltige Göttin hin – die Weiße, Rote und Schwarze Göttin – Jungfrau, Mutter und die weise Alte.

In einer Meditation begegnet sie mir als die große Göttin der Fruchtbarkeit. Aus ihrer Vulva fließt der Lebensstrom, der sich über das Land ergießt und es tränkt und nährt. Ich nehme an der Quelle ihres Stromes Platz und bin inmitten ihrer großen weiblichen Kraft, die mich durchdringt. Schimmernd und leuchtend wurde ich eingehüllt und ich weitete mich in ihr aus bis ins Sternenbewusstsein. Von dort konnte ich erkennen, mit welcher Kraft sie dem Land und ihren Wesen dient. Sie ist die Fruchtbarkeitsgöttin, aus der alles Leben entspringt. Sie ist, solange sie von den Menschen wahrgenommen wird, immer fortwährend da. Aus ihr entspringt der Lebensfluss. Sie ist alles Leben, das existiert. Sie ist das sanfte Gesicht, das liebevoll auf dich schaut. Sie ist die Liebe, die allem innewohnt. Sie ist der Keim, der aus der Zelle entsteht. Sie ist die Zelle allen Ursprungs. SIE ist das LEBEN.

Ich sehe Rheanna und ihr Volk in Einklang mit ihr leben, im Rhythmus der Jahreszeiten, im Lebensfluss. So wie sie es seit Äonenzeiten tun. Ein Leben mit ihrer großen Göttin.

„Du bist auf dem richtigen Weg, mache dort weiter, wo du begonnen hast. Alles, was du tust, ist richtig und wichtig. Tue es, zögere nicht“, teilte sie mir liebevoll mit. „Siehe, die Drachen werden dir helfen. Es ist ihre ureigene Aufgabe und sie werden dir beistehen. Rufe sie.“

Nur schwer kann ich mich aus ihrem Bann lösen, aus ihrer Sphäre an der Quelle heraustreten. Bei der Rückreise mit meinem Spirit kann ich den Lebensfluss spüren, wie jeden Tag aufs Neue das Leben pulsiert und neu entsteht. Erhalten wir uns das. Denn sie gebiert unser Sein. Ohne sie sind auch wir nicht mehr.

Der Ritter

In einer schamanischen Trancereise erlebte ich ein früheres Leben. Ich nahm mich als einen ca. 12-13-jährigen Jungen wahr, mit zerschlissenen Hosen und einem Hemd, das nur noch an einer Stelle über den Schultern zusammenhielt. Darüber trug ich eine ärmellose Ziegenfelljacke. Es war eine ärmliche Umgebung, in der ich lebte, die Hütten klein und im schlechten Zustand. Es war Herbst und die andauernden Regenfälle bereiteten die Wege in ein einziges, morastiges Schlammbad. Ich stand neben unserer Hütte, allein. Meine Mutter war gerade verstorben und beerdigt worden. Ich sah mich in der Hütte um, überall standen Tinkturen und Heilkräuter hingen von Balken an der Decke. Sie war eine Heilerin und Kräuterkundige. Es war ein kleiner Raum mit zwei Betten, einem Tisch mit zwei Stühlen, auf dem tönerne Gefäße standen, einer Feuerstelle, in der ein kupferner Topf hing. Das Feuer war erloschen und die feuchte Kälte kroch in die Hütte. Ich nahm meine Habseligkeiten, eine Decke und etwas zu essen, einen Umhang und beschloss, die Hütte zu verlassen und mir in einem anderen Ort eine Anstellung zu suchen.

In diesem Moment, als ich die Pforte von außen verschloss und meinen alten Esel aus dem Stall holte, kam ein Reiter vorbei. Hoch auf einem weißen Ross sitzend, in einer Lederrüstung mit einer Tunika, darunter ein Kettenhemd, das Schwert hing an einem Gürtel an seiner linken Hüfte. Er war eine imposante Gestalt und ich musterte sein edles Auftreten. Er sah mein kleines Gepäck, das ich an einem Stab befestigt hatte und diesen über die Schulter trug, er stieg von seinem Ross und kniete vor mir nieder.

„Junge, wo willst du hin?“, fragte er mich.

„Ich weiß es noch nicht. Vielleicht in Richtung der großen Stadt.“

„Und was willst du dort machen?“

„Ich suche mir eine Anstellung.“ Der Ritter überlegte kurz und machte dann einen Vorschlag.

„Willst du mit mir kommen? Ich suche schon eine ganze Zeit lang einen Knappen. Und du hättest die richtige Größe und das richtige

Alter dazu! Du kannst bei mir wohnen und essen, ich biete dir meinen Schutz an. Und ich kann dich darin ausbilden, selbst ein Ritter zu werden, wenn du es möchtest."

Ich machte große Augen und sah ihn überrascht an. So schnell hätte ich nicht gedacht, eine Stelle zu finden.

„Ja ... Ja … ja …", stotterte ich. „Also gut, dann ist das vereinbart – oder?" Ich nickte heftig.

Wir stiegen auf unsere Reittiere und machten uns auf den Weg. Nach zwei Tagen sah man in der Ferne eine große Burg, auf die wir zuhielten. Er stellte mich den anderen Rittern und dem Burgherrn vor und wies mir eine Kammer zu, in der ich meine Habseligkeiten verstauen konnte. Sie war klein, aber sauber und trocken, sie hatte nur Platz für ein Bett und eine Stange, an der ich den Umhang aufhängen konnte. Mein Esel durfte mit seinem Pferd auf die Koppel und wurde dort versorgt. Auch ich erhielt etwas zu essen und neue Kleidung.

Im Lauf der Jahre entwickelte ich mich zu einem kräftigen jungen Mann, der täglich im Umgang mit den Waffen trainiert wurde. Dabei schwand immer mehr die Erinnerung an meine Mutter und ihre Naturreligion.

Eines Tages kam mein Herr nicht mehr zurück, er fiel in einem Kampf. Und der Burgherr, der mich in den Jahren meiner Entwicklung beobachtet hatte, schlug mir vor, selbst auf der Burg zu verbleiben und in seine Dienste als Ritter zu treten, war ich doch bisher nur der Knappe eines seiner Ritter. Damit wurde ich in den Stand eines Ritters erhoben. Dazu musste ich mit dem Burgherrn und seiner Tochter einen Vertrag abschließen – den christlichen Glauben anzunehmen, mich taufen zu lassen und der Naturreligion zu entsagen. In meinem jugendlichen Leichtsinn, weil ich es nicht besser wusste und weil ich mich in die Tochter des Burgherrn verliebt hatte, stimmte ich zu. Ich ließ mich taufen und nahm die Konfirmation in Empfang. Und kurz darauf fand die Hochzeit zwischen der Burgherrntochter und mir statt.

Nun könnte hier, wie in einem Märchen, das Ende so heißen: „Und sie lebten glücklich bis an ihr Lebensende."

Aber nein. Ich hatte den Vertrag meiner Geliebten zuliebe als Eheversprechen geschlossen. Je älter ich wurde, umso schmerzlicher verspürte ich den unsäglichen Vertrag zwischen dem Burgherrn und mir. Die Erinnerungen an die Naturreligion meiner Mutter traten immer häufiger in mein Bewusstsein und eines Tages beschloss ich, den Burgherrn, mit dem ich mittlerweile eine gute Freundschaft pflegte, darauf anzusprechen. Doch dazu kam es nicht mehr, er verstarb unerwartet innerhalb kürzester Zeit, sodass der Vertrag mit ihm und mit mir als Ritter nicht mehr aufgelöst werden konnte.

„Verrat …", schrie ich in der Trance. Ich habe mich selbst verraten, verraten müssen, um zu überleben, um in der Gemeinschaft der Burg und der Ritter verbleiben zu können. Ich habe meine Naturreligion verraten, ich habe meine eigene Natur verraten und verleugnet. Und als ich die Taufe und die Konfirmation in der Trance nachvollzog, fühlte ich, wie das Weihwasser brennend auf meinem Kopf tropfte und mich in seinen vermeintlich christlichen Bann zog.

Bei einer weiteren Trance reiste ich zu meiner damaligen Ehefrau. Sie hatte gespürt, dass ich mit der christlichen Religion nicht zurechtkam. Auf meine Bitte, an des Vaters Stelle den Vertrag energetisch zurückzugeben, willigte sie ein. Sie gab ihn mir zurück und ich übergab ihn meinem Spirit, einem Drachen, der mich begleitet hatte, der diesen Vertrag durch die Kraft seines Feuers rituell löschte.

Ich konnte dann auch erkennen, dass ich schon damals einen Vater bzw. einen Vaterersatz verloren hatte, und dieser Verlust mit einer großen Traurigkeit einherging. War er doch Lehrer, Mentor und Ersatzvater in einem. Meinen leiblichen Vater kannte ich damals nicht. Und wie geht es mir heutzutage in meinem jetzigen Leben? Auch hier ist der biologische Vater nicht anwesend.

Kapitel 6 – Die Aufgabe

Eine Fledermaus

Ich bin erneut auf dem heiligen Berg der St. Odile und suche den Weg zum Feenplateau. Nirgendwo ausgeschrieben, verlasse ich mich ganz auf meine Intuition. Wohin würde Rheanna gehen, wenn sie zu ihrem Volk möchte? Ich bitte A-Iriann, uns zu begleiten. Ich finde den Weg, ohne Umwege. Das Plateau liegt vor mir. Felsen mit Nischen, in denen sich ein Mensch hineinlegen kann, Felsen mit Nischen, in denen man sich bequem setzen kann und runde Näpfe in Stein gemeißelt, gefüllt mit Wasser, in denen sich der Himmel spiegelt. Ich erinnere mich an mein erstes Mal hier, liegend unter dem Farn, als ich den Waldboden roch und sich erste Erinnerungen an ein anderes Leben einstellten, vor mehr als 12 Jahren. Wie wenig wusste ich damals von Rheanna und mir. Und wie viel hat sich bis heute verändert.

Ich lege mich in den Felsen mit der Nische. Plötzlich fegen gefühlt zwei Dutzend Kohlmeisen kreuz und quer über diese Nische, bestimmt zehn Minuten lang. Ist das eine schöne Begrüßung aus dem Reich der Feen. Ich danke ihnen, bleibe noch eine Weile, nehme die Energie und Inspiration der Feen für mein Buch auf und trete dann den Rückweg an.

Es ist still in diesem kleinen Tal, in das ich mich zurückgezogen habe. Die Abenddämmerung bricht herein. Ein Käuzchen ist zu hören, ein Fuchs bellt. Gemächlich plätschert ein Bach ins Tal. Ein Eichelhäher wechselt seinen Standort und fliegt zu einem anderen Baum gegenüber dem Tale. Der Wind bewegt fein die Äste der umliegenden Bäume. Die Fledermäuse fliegen wie immer am frühen

Abend aus. Der Hund in der Nachbarschaft gibt Laut. Es scheint alles friedlich zu sein.

Um dieses Buch zu vollenden, habe ich mich für eine Zeit in ein Chalet im Elsass eingemietet, einfach und aus Rundhölzern gebaut. Währenddessen ich diese Worte schreibe und mir überlege, wie man die Aufgabe beginnen könnte, entdecke ich auf der Schwelle meiner Tür eine junge Fledermaus. Zu dieser Jahreszeit sind sie eigentlich schon ausgewachsen, aber der lange, kalte Winter, der bis ins Frühjahr hineinreichte, hat wohl auch die Geburt dieser Tiere verschoben.

Wo kann ich anfangen? Wo kann jeder anfangen? Erst einmal im Lernen, die Zusammenhänge zu verstehen? Was hat eine Fledermaus mit meinem Leben zu tun? Und mit dem Leben mit und auf Mutter Erde? Alles. Die Fledermaus ist vom Aussterben bedroht, ihr Lebensraum wird ständig verkleinert, es gibt keine Nischen zum Rückzug und zur Aufzucht der Jungen mehr. Als Jäger der Nacht verspeisen sie Falter und Insekten und reduzieren damit explodierende Populationen, die sonst zu einer Plage werden könnten und gegen die dann der Mensch mit der chemischen Keule vorgeht. Diese dringt wiederum in die Erde ein, in denen unsere Lebensmittel angebaut werden, die dann wieder auf unserem Tisch landen. Mittlerweile gibt es aber nicht mehr so viele Insekten und damit reduziert sich ihre Nahrungsgrundlage.

Betrachten wir auch die Problematik mit dem Mikroplastik in unseren Meeren und Binnengewässern und damit die Nahrungskette Fisch und Meerestiere, die als unsere Lebensmittel bei uns serviert werden. Wollen wir so auf Dauer leben?

Es gibt viele solcher Kreisläufe, die schon bekannt sind, ich möchte sie hier nicht aufzählen, die Medien sind voll davon. Fangen wir doch einfach mal an, uns selbst und unser eigenes Verhalten zu beobachten. Welche Konsumgüter und Lebensmittel werden in unserer Wegwerfgesellschaft angehäuft, die nach kurzer Zeit im Müll landen, weil sie zu viel, zu kaputt sind oder nicht mehr benötigt werden? Brauchen wir das alles? In diesem Chalet bin ich auf das Notwendigste reduziert und es geht auch! Ja, aber … wird der Eine oder Andere sagen ... aber ich brauche dies und ich brauche das, ich bin an ein Leben in Luxus gewöhnt und ich kann mir doch alles kaufen, was mir gefällt, oder was ich brauche. Da hast du erst mal recht. Doch muss es wirklich sein? Auch ich muss mich hier ein wenig an der Nase zupfen. Oder ist nicht ein Funken Verzicht hilfreich für uns alle, vielleicht auch für diese Fledermaus, damit sie überleben kann?

Wie hat man sich gefreut, als zu Beginn der Pandemie die Delphine nach Venedig zurückgekehrt sind und man im Wasser wieder Tiefe sehen konnte. Oder der Himmel wieder klar wurde, als keine Flugzeuge mehr in der Luft waren. Ja, es war ein Desaster für die Wirtschaft, auch für uns und für viele Menschen, deren Einkommen von heute auf morgen weggefallen ist. Die Sinnhaftigkeit dieser Maßnahme werde ich hier nicht betrachten. Aber es war die Chance, ein anderes Sein zu betrachten und zu sehen, was uns eigentlich entgeht, wenn wir nicht so weitermachen wie bisher. Viele Menschen haben damit sicher schon begonnen und ihnen gereicht der Dank dafür. Ebenfalls ein ehrfurchtsvolles „Chapeau“ an die jungen Leute, die mit „Friday for Future“ oder anderen Aktivitäten auf das Desaster in Natur und Klima aufmerksam machen. Sie haben zumindest angefangen, sich bemerkbar zu machen und auf die Probleme auf unserer Erde hinzuweisen.

Ich habe die Möglichkeit erlebt, die Schönheit eines Fluges einer Fledermaus als ein bildhaftes Erlebnis an eine Landschaftsgöttin gedanklich zu transportieren, da sie es nur energetisch wahrnehmen kann. Solange es die Fledermaus und die Landschaftsgöttin noch gibt. Denn sie und alle anderen Naturwesen sind Teil dieser Natur und können nur existieren, solange die Natur existiert. Und solange der Jahreslauf und die Jahreszeitenfeste noch durch die Natur und mit den Naturgöttern, wie die Dreifaltige Göttin, stattfinden können. Nur so lange kann die Kraft dieser Rituale daraus wirken und zum

Beispiel an Beltane mit der Hochzeit der Weißen Göttin und ihrem Lichtgott gefeiert werden. Die Kraft der Vereinigung wird nur dann zur Lebenskraft für Mutter Erde und ihren Lebewesen werden, wenn wir sie wieder leben und feiern in ihrer ursprünglichen Qualität.

Ein Sonntag im Oktober

Ich bin an meinem Platz im Wald, dort, wo ich meine Freunde treffe, den Drachenreiter Phaëtona und seinen Drachen Chumbuur.

Es herrscht Frieden über dem Berghang. Auch die Menschen verstummen. Eine heilige Ruhe senkt sich nieder. So als hätten die Menschen an einem Flug mit dem Drachen teilgenommen und ließen nun ehrfürchtig Stille einkehren. Ich lehne an einem großen Steinwesen. Es ist wie ein Buddha, an dessen Bauch ich mich schmiegen darf. Wir erzählen uns aus unserem Leben und wenn er lacht, scheint der Bauch sanft zu vibrieren. Ich fühle mich dort sehr aufgehoben. Der Wald wispert und erzählt von dem Wind, der ihn heute sanft durchstreift. Durch ihn, sein Rauschen, Summen, Stöhnen und

Ächzen können die Winde vom Geschehen des Himmels erzählen. Jeder Baum hat eine einmalige Stimme, so wie die Stimme eines Instrumentes in einem Orchester einmalig ist, und sie vermittelt durch ihren Klang die Botschaft der Erde und von ihren Lebewesen. Es schien, als würde Chumbuur wieder fliegen. Die Blätter in goldenem Orange fallen leise raschelnd zu Boden, früh, viel zu früh.

Ich bin die Waldfrau, ich lausche der Botschaft der Erde und ich fühle mich ihr so nah und verbunden wie nie. Der Klang der Natur ist wie ein Konzert, in dem Vögel, das Wasser und der Wind die Besetzung eines Orchesters sind. Ich würde gerne hier draußen im Wald leben, ganz nah bei den Bäumen und den Gezeiten der Natur und bei meiner Feenfamilie. Ich habe eine tiefe Sehnsucht danach. Mein Wesen als Rheanna, die Waldfrau, ruft immer wieder nach mir.

Melancholisch verlasse ich den Platz und den Wald und ich weiß, dass ich etwas ändern muss, um glücklich zu werden und um meine Bestimmung zu leben.

Spuren im Schnee

Ich sitze in der Sonne an einer Weide angelehnt, der Bach plätschert leise neben mir. Ich habe den Wunsch, mich tief in die Erde fallen zu lassen. Ich blicke über ein schneeweiß glänzendes Land, sanft hügelig. Heute Nacht ist ein Hauch von Schnee gefallen.

Der Weg, der mich hierher brachte, ist von Reifenspuren aufgewühlt und tief verletzt, die Grasnarbe am Rand des Weges lugt aus dem Schnee hervor. Der Weg verschwindet hinter einer Biegung und führt am Bachrand entlang, gesäumt von Weiden. Er erinnert mich an mich, an das, was noch auf mich zukommen mag, an meine Aufgabe – sie liegt hinter einer Biegung, noch nicht zu sehen, aber schon da und es wird weiter gehen, so wie dieser Weg weiter geht.

Lösen sich meine Spuren genauso auf, wie die Spuren im Schnee nach dem Tauen? Bleiben denn keine Spuren zurück? Welche Spuren bleiben von mir? Kann ich ein Zeichen setzen, für die Menschheit nach mir, für die Natur, für die Erde? Die Schönheit des glänzenden Schnees vergeht, es kommt die Schönheit des Wachstums, der Fülle. So ist der Kreislauf des Lebens.

„Ruhe in dir", höre ich eine Stimme in mir. „Sammle die Kraft für Zukünftiges. Der Impuls der Erde wird auch dir die Kraft zum Wachstum verleihen und die Natur vermehrt sich in guten Jahren."

Ich habe mir den Raum genommen, für zu Hause und im Büro. Raum für mich – und für Rheanna – zur gemeinsamen Entwicklung. Ich sitze hier in einem Raum, einem Landschaftsraum, mit großer Weite um mich herum. Die Eichen vor mir sind gerade mal daumenhoch. Wenn sie Glück haben, werden sie alt, groß und mächtig und können eines Tages von mir erzählen, und von Rheanna, die auszog, die Menschen zu lehren.

Der Raum in einem Raum. „Breite dich darin aus, entfalte dich, wirke darin, gestalte ihn, schöpfe dein Potenzial", höre ich den Wind wispern. „Lass das Chaos darin zu, die Wildheit, das Ungeordnete. Es ist dein Raum, lebe darin."

Ich bin an meiner Quelle,
lege mich ab, meine Hüllen.
Bin nur noch pures SEIN.
ICH bin.
Verschmelze mit dem Erdenkörper,
Ich bin das All.
Keine Grenzen.
Ich bin Eins mit allem.
Ich bin der Körper von Gaia.
Sehe der Berge Sterne,
verbunden mit silbriger Schnur,
atmend, pulsierend,
im Rhythmus der Erde.
Ich sehe es, ich spüre es, ich bin es.
Berührt nehme ich es wahr,
ich bin ES, es ist ICH.
Ich lebe durch Gaia,
ich bin sie.
Ich kehre zurück zu ihr.
Ich spüre nun, was zu tun ist.
Eine Träne der Ergriffenheit löst sich
und prägt sich tief in meiner Seele ein.
Ich bin in meiner Mitte.
Ich bin an meiner Quelle angekommen.

F - Mont St. Michel 2017

Nachwort

An dieser Stelle findet sich meist ein Dank an alle Beteiligten. Das darf auch hier geschehen.

Meinem Sohn Ralf, der tapfer die Stellung im Büro hielt, während ich in der Ruhe und Einsamkeit eines Chalets nach Worten und Erkenntnissen rang.

Meiner Mutter Marlene, durch die ich in diesem Leben inkarnieren durfte und die mich in meiner Suche gewähren ließ.

Auch meinem Vater Winfried danke ich, denn er hat mir meine Wahrheit offenbart, die ich sonst nie hätte anschauen wollen.

Einige haben mich belächelt, die das Thema nicht verstanden, andere sind auf diese Geschichte gespannt. Für sie und für die Erwachenden ist sie geschrieben. Und ich bedanke mich bei allen im Voraus, die diesen Spirit in die Welt hinaustragen werden.

Ich richte meinen Dank an alle Naturräume, die es mir ermöglichten, einer Spur zu folgen und auf dem Weg des Erwachens viele geistige und menschliche Freunde gefunden zu haben. Der Weg ist noch nicht beendet, er wird weitergehen. Viele Geschichten liegen noch vor mir, bekannte und mir noch nicht bekannte. Ich lasse mich überraschen. Das Leben ist eines der spannendsten.

Rheanna ist das Wesen in mir, das mir eine Aufgabe übertragen hat, von der ich lange nicht so richtig wusste, wie ich damit umgehen, sie umsetzen sollte. Der erste Mut zu einem ersten eigenen Seminar wurde leider durch die Pandemie 2020 gedämpft. Nun wird es Zeit, wieder mutig zu sein und neu zu starten.

Durch das Schreiben dieser Geschichte wird aber nun vieles klarer und ich kann weitere Schritte unternehmen. Auch schreit die katastrophale Lage unseres Klimas nach Einsichten der Veränderung, die uns alle angehen, wenn wir hier zusammen mit Mutter Erde weiterleben wollen. Wir haben nur diese eine Heimat.

Viele sind erwacht, aber noch nicht genug. Seid mutig und sucht euren Weg. Unsere Erde, Gaia, wandelt sich und gebiert sich gerade neu. Hierzu werden viele von uns gebraucht, um die neue Erde zu erfahren und ihr in ihrem Geburtsprozess beizustehen.

Und ich danke den Spirits, die nie an mir gezweifelt haben und mich immer begleiteten. Meine schamanische Lehrerin hat mich vor einiger Zeit als Weltenhüterin bezeichnet. Bin ich das schon? Um dieser Aufgabe gerecht zu werden, ist noch viel zu tun.

Auf den vielen Wegen habe ich oft Station gemacht, innegehalten, gesucht und lange nichts gefunden. Nicht auf einmal gefunden, immer nur ein kleines Stück und oft nicht einmal wahrgenommen. Und vor allem dauerte es Jahre. Aber alle diese Jahre waren wichtig. Die Irrungen und Wirrungen haben ihre Spuren hinterlassen, Wege wurden gegangen und wieder verworfen. Aber letztendlich haben sie mich auf die Spur dessen gebracht, wonach ich mich immer sehnte: Mich selbst zu finden und den Ahnungen einen Namen geben zu können:

RHEANNA

Sie, die Waldfrau und vieles mehr, wird mich künftig begleiten, privat wie auch beruflich. Und ich habe einen Freund im Feenreich gefunden, A-Iriann, der mich ebenso begleiten und mich in meine neue, alte Welt einführen wird. Es ist schön zu wissen, wo meine Feenfamilie beheimatet ist.

Wie bereits am Anfang des Buches angekündigt, haben sich mehrere Ereignisse zugetragen, die mir den Blick auf das Wesen von Rheanna und mein Wesen als Mensch verändert haben. Nein, nicht die Geschichte hat sich verändert. Ich habe in der Zwischenzeit, 2021, eine schamanische Ausbildung begonnen. Im Laufe dieser Ausbildung habe ich in einer schamanischen Aufstellung erfahren, dass ich keine zwei Seelen in mir trage, sondern dass die große Seele von Rheanna auch meine große Seele ist. Sie wirkt durch mich hindurch und ich kann auf einige Wahrheiten meiner alten Seele zugreifen.

Aber erst der ganze Lebensweg hat mich an diesen Punkt des Verstehens gebracht.

Sie lebt in mir, wir sind verschmolzen.
Wir zwei haben EINE große Seele.

Rheanna als Wesenheit lebt nicht mehr, sie lebte lange vor dem Bewusstseinsfall, das ist der Zeitraum vor einigen tausend Jahren, in dem das Bewusstsein der Menschen vernebelt wurde und sie keine Erinnerung mehr an ihre ursprünglichen Inkarnationen haben. So habe auch ich keine Erinnerung mehr daran. Fetzen tauchen auf und wollen ins Licht gesetzt werden. Die Zeit der Wandlung findet gerade statt und immer mehr Menschen beginnen, sich wieder zu erinnern oder kommen mit ihrer Erinnerung auf die Welt. Das Leben von Rheanna ist durch meine Bewusstseinsschicht durchgeschimmert und hat mich zu dieser Erfahrung geführt.

Sie hat die Form gewandelt. Aber all das Wissen, das Sehen, die Kräfte, all die Erfahrungen, die sie gemacht hat in ihrer Welt, die sie gemacht hat in dem Eintauchen in ihre Seins-Kräfte, die sie gemacht hat in dem Eintauchen in die Menschenwelten, ist in mir und kann aus dem Unbewussten in das Bewusstsein geholt werden. All das, was ich durchlebe, all das darf nun an die Oberfläche kommen. Das ist noch eine große Aufgabe für mich, denn es gilt, sich dessen bewusst wieder anzunähern und zu integrieren.

Die Aufgabe

Was war denn nun Rheannas Aufgabe? Wurde sie denn je und überhaupt in den früheren Inkarnationen ausgeführt? Oder wurde sie sogar, wie ich es bei einer Rückführung erfahren habe, extrahiert? Wäre die damals von Rheanna gestellte Aufgabe heute noch relevant? Oder wäre sie längst überholt? Und ist vor allem Rheannas Aufgabe auch die meinige?

In meiner letzten schamanischen Ausbildung hatte ich ein Erlebnis, das mich immer mehr auf die Spur zu Rheanna und ihren Fähigkeiten brachte. Und auf meine Spur in meinem jetzigen Leben und dieser Spur gilt es nun zu folgen.

In diesem Seminar in der Bad Reichenhaller Umgebung hatte ich Kontakt zu den Riesen des Berges, die sich mir dort erstmalig zeigten. Ich war in der Aufstellung ihr Stellvertreter, von Anfang an wollten sie das, und sie sprachen durch mich. Sie waren mir so präsent, wie es sonst nur Menschen sein konnten. Ich hatte mit der, vor einiger Zeit erlernten, systemischen und schamanischen Aufstellungsarbeit neuerdings ein Tor geöffnet, durch das die Naturwesen zu mir Kontakt aufnehmen konnten.

Kurze Zeit danach erhielt ich eine Botschaft von einem Drachen. Und die Gletscher meldeten sich mit einer Botschaft, bevor sie nicht mehr existieren. Dies wird jedoch eine andere Geschichte werden.

Und je intensiver ich Rheanna in mir zulasse, wird ihre Gabe zu meiner Gabe. Ich trage ihren Geist in mir. Ich kann ihr Leben nicht mehr leben, denn sie lebt nicht mehr und auch ihre Zeit existiert nicht mehr. Aber ich kann so leben wie sie, in der heutigen Zeit. Sie wurde in ihrer Zeit initiiert und ich habe nun die Chance, auf diese Initiation zuzugreifen und ihre Essenz zu leben. Ihre Erfahrungen als Waldfrau, als Lichtfee, schimmert immer weiter durch meine Existenz. Nur so wird sich auch meine Aufgabe zeigen. Bin auch ich, wie sie, ein Erdenhüter, eine Erdenhüterin?

Sie hat in der Zeit vor dem Bewusstseinsfall gelebt und damals schon gespürt, welche Veränderungen dadurch stattfinden würden. Wollte sie deshalb zu den Menschen, um sie daran zu erinnern, wie das Leben vor dem Bewusstseinsfall war und den Glauben an die Naturreligion aufrecht zu erhalten? Und die Menschen daran zu erinnern, wie sie damals noch an die Natur und an Mutter Erde angebunden waren? Hat Rheanna diese Aufgabe an jede Inkarnation weitergegeben und die Eiche sollte jeden daran erinnern, was Rheanna aus ihrer Inkarnation heraus versprochen hatte? Das werde ich noch herausfinden und sicher kann dies der Inhalt eines weiteren Buches werden.

Ich trat eines Tages an eine Eiche heran, an Großvater Eiche und erhielt eine Botschaft, die mein gesamtes, vermeintlich wohl geordnetes Leben veränderte. Und ich habe es angenommen, denn sie – Rheanna – ist ein Teil von mir, ein Teil meiner großen Seele.

Ein weißer Schmetterling umkreist in diesem Moment meinen Kopf.

Tauche tief und tiefer in deine eigenen Seelenräume, so tief, bis wir dir frei und reich begegnen können. Öffne die Tür dahin immer mal, damit wir zu dir strömen können.

Verwirf die Zeit und trete ein in den Raum des Seins.

Botschaft der Lichtfeen im Juni 2022 in Irland.

Zugabe - Die spirituelle Bedeutung der Gefährten

Das Eichhörnchen

Sie stehen mit dem Element Luft, Feuer und Erde in Verbindung und können zwischen den Dimensionen und Welten schnell wechseln und so ein Botschafter anderer Reiche sein. In der nordischen Mythologie ist es ein Eichhörnchen, das zwischen der Unterwelt und der Oberwelt hin und her flitzt, um Botschaften aus der Unteren Welt, von den Wurzeln, zur Oberen Welt, zur Krone, und von der Krone zu den Wurzeln der Weltenesche zu überbringen. Dabei macht es Halt in der Mittleren Welt, unserer Welt, und die Botschaft kann auch so bei den Menschen ankommen.

Sie künden von gesunder Lebenskraft, dem Wagemut, neue Wege zu gehen und der Hilfsbereitschaft. Ihre Kraft bedeutet, sich blitzschnell in den verschiedensten Angelegenheiten, Möglichkeiten und Dimensionen zurechtzufinden, alte Fährten, verborgene Schätze und Reserven intuitiv zu erspüren, um so ein umfassendes Bild zu entwerfen.

Die genaue Beobachtungsgabe der Eichhörnchen und ihre Gabe, alte Spuren zu finden, lässt sich nicht nur in der Vertikalen und Horizontalen, sondern auch in Raum und Zeit bewegen. Das Eichhörnchen ist ein guter Begleiter in Zeiten des Übergangs und des Umbruchs.

Kommt das Eichhörnchen in dein Leben, so bedeutet das Öffnung. Es fordert dich einerseits auf, dich deiner Umwelt aktiv zuzuwenden und dich mit ihr auseinanderzusetzen, andererseits aber auch zu bestimmten Zeiten Rückzug zu suchen, zu reflektieren und dir Zeit zu nehmen, nach innen zu gehen und für dich zu sein. Es erinnert dich daran, auf dich selbst zu hören und deine Kräfte kennenzulernen, auszuloten und einzuteilen.

Es steht für die Kraft der Erinnerung von Mutter Erde.

Der Luchs

Dem Luchs traut man übernatürliche Sehkraft zu, denn er hört ja mit seinen Pinselohren viele hundert Meter weit. Man glaubt, dass er Irrtümer, Lügen, Geheimnisse und alles Verborgene sehen bzw. hören kann.

Luchse lehren uns, wie wir die Seelenfunktionen anderer Menschen erkennen und eine besondere Art von Hellsichtigkeit entwickeln können, um das zu sehen, was Menschen vor sich selbst und anderen verbergen. Das können Ängste, Vorhaben und sogar Fähigkeiten sein.

Scheinbar ist die Art seines Verhaltens verantwortlich, dass er der Hüter sein soll. Fast lautlos streift er durch sein Revier, fast immer mit gesenktem Kopf, so, als flüstere er Mutter Erde sein neuestes Geheimnis zu.

Er steht für das Geheimnis von Mutter Erde.

Der Bär

Der Bär gilt als Beschützer, als König des Waldes und der Tiere und als weiser Lehrer, der den Schamanen und Medizinleuten Träume und Inspirationen schickte, der den Kriegern Kraft und Mut schenkte und den Heilern Wissen vermittelte.

Er verleiht das Gefühl für den richtigen Zeitpunkt und hilft, sich mit Mutter Erde und der Natur zu verbinden. Er ist auch Hüter der Pflanzen, denn er kann sich mithilfe von Pflanzen, die er ausgräbt und zerkaut, seine Wunden damit leckt, selbst behandeln.

Er ist furchtlos und selbstbewusst und fordert dich auf, an dich selbst, deinen Glauben und deine Rechte als Mensch dieser Welt und der geistigen Welt zu glauben. Dieses Krafttier wird für Unterstützung und Kraft sorgen.

Einige Clans glauben, dass Bären Heilkräfte haben. Die Bärenkralle oder Stücke von einem Bären werden von einigen Stämmen als Talisman der magischen Medizin verehrt. Beim Tragen verleiht der Talisman dem Träger die Kraft des Bären, einschließlich seiner heilenden Gaben.

Er steht für die Heilkraft von Mutter Erde.

Der Wolf

Er ist ein Schwellenhüter, er trägt die Seelen vom diesseitigen Ufer auf die andere Seite des Flusses.

Bei den Kelten wurde der Wolf wegen seines stark ausgeprägten Familiensinns als Symbol für die Gemeinschaft verehrt. In den germanischen Legenden stehen dem Gott Odin seine treuen Wölfe Geri und Freki als Reittiere zur Verfügung.

Und für die Indianer Nordamerikas ist der Wolf ein weiser Lehrer, der mit den Mächten des Mondes in Verbindung steht. Sie wussten, dass der Wolf nie die Orientierung verliert und immer zum Wohle aller handelt – in guten wie in schlechten Zeiten. Und weil das Krafttier Wolf besonders in der indianischen Mythologie für Weisheit steht, fordert er zur Wissenserweiterung auf. Er zeigt, wie man sich den Umständen anpassen und gleichzeitig die Vision leben kann.

Das Krafttier Wolf zeigt uns, welchen Stellenwert wir familiären oder emotionalen Verbindungen zuweisen und wann es klug ist, sich mit Taktik und Strategie an die Erfüllung der eigenen Wünsche heranzuwagen. Als echte Teamplayer können Wölfe erst im Rudel wirklich ihre gesamte Power entfalten.

Der Wolf ist aber auch ein freiheitsliebendes und kommunikatives Tier. Er warnt als Krafttier deshalb auch davor, das Denken und Handeln allzu sehr einzuschränken.

Er steht für die nährende Ur-Wildkraft.

Die Schnee-Eule

Sie ist eine machtvolle Seelenführerin, Hüterin und Lehrerin aus den Unteren und Oberen Welten und Seelenbegleiterin in die Geisterwelt. Dort regiert Sophia, die Weise.

Eulen sind mit dem Reich der Toten verbunden. Und sie verkünden Veränderung. Dies kann einen Neuanfang, aber auch das Ende einer Lebensphase bedeuten.

Sie ist eine bedeutungsvolle Heilerin in der Tiermedizin und unterstützt bei der Bewältigung verborgener Ängste. Die Eulenenergie bringt Kraft in unruhigen Zeiten, verleiht die Fähigkeit, Zusammenhänge zu durchblicken und vertreibt die dunklen Schatten der Seele.

Die Eule beschützt dich, nimmt dir die Furcht vor den dunklen Ecken deiner Seele und schenkt dir die Kraft, alle Seiten deines Selbst zu akzeptieren. Außerdem versinnbildlicht das Krafttier Eule Eigenständigkeit und Selbstbestimmung. Mithilfe ihres machtvollen Spirits als Quelle der heiteren Weisheit verleiht sie inneren Frieden.

Sie steht für die Weisheit von Mutter Erde.

Der Eichelhäher

Er ist ein Vogel der Anderswelt und ein machtvoller Schamanenvogel dazu. Wenn er erscheint, weist er auf eine schamanische Prüfung hin.

Sein Gefieder trägt die Farben der vier Elemente – schwarz, weiß, rot und blau – Erde, Luft, Feuer und Wasser. Er ist ein Meister der vier Elemente und hilft dir, sie zum Ausdruck zu bringen.

Er hält dich an, auf Täuschungen und Unwahrheiten bewusster zu reagieren. Er ist selbst ein Meister der Täuschung, aber auch der Ent-Täuschung, indem er auf die Täuschung hinweist und einen Hinweis auf die Wirklichkeit gibt. Schaue dir bewusster Täuschungsmanöver in deinem Umfeld an.

Und er ist ein Waldwächter und bringt dich nahe an die Kraft der Bäume. Insbesondere ist er mit der Eiche besonders verbunden. Sie versorgt ihn mit Schutz und Nahrung.

Der Eichelhäher kennt die Wesen der Anderswelt, wie die Elfen, Zwerge, Faune und Walddrachen. Und er kennt die Bäume, Tiere und Pflanzen in seinem Wald. Er ist ihnen allen Freund und Beschützer.

Und er kennt die Kraft und Magie, der Töne und Schwingungen. Sei behutsam in seinem Reich mit dem, was du sagst und wie du sprichst.

Er ist der Beschützer der Wälder von Mutter Erde.

Und ich bedanke mich bei allen Gefährten und Spirits, die mich durch alle Inkarnationen begleitet haben und mir heute noch zur Seite stehen. Und ich danke ihnen, dass sie mir ihre Kraft zur Verfügung stellten, damit ich aus ihnen erwachsen und erwachen kann.

Im November 2023

Systemische Familienaufstellung
Organisations- & Businessaufstellungen
Coaching, Beratung, Ausbildung
Wege zu den eigenen Wurzeln
www.haraldkriegbaum.com

ZENNGARDEN
AKADEMIE
WEITERBILDUNG DIE BEGEISTERT
Führung & Kommunikation
Kreativität & Innovation
Coaching, Beratung & Training
www.zenngarden.de

Impressum

Bibliografische Information der
Deutschen Nationalbibliothek:
Die Deutsche Nationalbibliothek verzeichnet diese Publikation
in der Deutschen Nationalbibliografie;
detaillierte bibliografische
Daten sind im Internet über http://dnb.d-nb.de abrufbar.

Email: redaktion@verrai-verlag.de

https://verrai-verlag.de

1. Auflage August 2024

Umschlaggestaltung:
atelier ehrle

Bildquellen Cover:
Tom Middleton/shutterstock.com

Illustrationen:
Petra Geiger
(Walnusstinte mit Pinsel und Rohrfeder auf Aquarellpapier 300g/m²)

Lektorat:
Wortgestöber
Ursula Luckner
D-83410 Laufen/Salzach

Printed in Germany
ISBN 978-3-910919-18-1